U0154062

從代理人到保險公司

臺灣商人的
產物保險經營
1862–1947

連克　著

國家圖書館出版品預行編目(CIP)資料

從代理人到保險公司：臺灣商人的產物保險經營
（1862-1947）/ 連克著. -- 初版. -- 臺北市: 政大出版
社, 國史館, 2017.11
面；　公分
ISBN　978-986-95436-3-7（平裝）

1.保險史　2.產物保險　3.臺灣

563.70933　　　　　　　　　　　　　　106021901

從代理人到保險公司：臺灣商人的
產物保險經營（1862-1947）

著　　　者｜連克

發 行 人　吳密察、周行一
出 版 者　國史館、政大出版社
執行編輯　林淑禎
地　　址　11605臺北市文山區指南路二段64號
電　　話　886-2-29393091#80625
傳　　真　886-2-29387546
網　　址　http://nccupress.nccu.edu.tw

經　　銷　元照出版公司
地　　址　10047臺北市中正區館前路18號5樓
網　　址　http://www.angle.com.tw
電　　話　886-2-23756688
傳　　真　886-2-23318496
戶　　名　元照出版有限公司
郵撥帳號　19246890

法律顧問　黃旭田律師
電　　話　886-2-23913808

排　　版　弘道實業有限公司
印　　製　祥新印刷股份有限公司
初版一刷　2017年11月
定　　價　300元
I S B N　9789869543637
G P N　1010602136

政府出版品展售處
• 國家書店松江門市：104臺北市松江路209號1樓
　電話：886-2-25180207
• 五南文化廣場臺中總店：400臺中市中山路6號
　電話：886-4-22260330

本書獲國史館國史研究獎勵出版

目　次

表目錄

圖目錄

照片目錄

推薦序一

　　本書是作者連克對大成火災海上保險株式會社的歷史及我父親李延禧的詳細論述。李延禧（1883-1959年），是臺灣烏龍茶之父、臺灣第一位思想家李春生（1838-1924年）的孫子。1896年臺灣總督樺山資紀招待曾祖父李春生東遊日本時，14歲的父親也有隨行，就這樣開啟了父親的留學路，往後的十四年，父親留學日、美，取得紐約大學商科學士，並曾就讀哥倫比亞大學經濟學研究所。

　　具有新思想的父親，回臺後與祖父李景盛（1860-1922年）籌辦以茶葉融資為主要目的的銀行——新高銀行，並創辦了第一家臺灣火災海上保險公司——大成火災海上保險株式會社（以下簡稱「大成火災」）。1920年成立的大成火災，是我父親擔任董監事職務最久的公司，他與好友益子逞輔的合作，糾集了全島最有代表性的臺日實業家，使日治時期的大成火災，不僅成為臺灣最大的產物保險公司，更將其事業版圖擴大至日本和朝鮮，期間經歷了關東大震災、函館大火、靜岡大火，大成火災均本著堅實穩健的經營態度，一一度過難關，成為了日本金融界舉足輕重的存在。

　　1924年曾祖父李春生過世後，父親帶著一家人移居日本東京，戰後的大成火災，雖然臺灣的事業被國民政府當作日產完全接收，在日本的分公司卻留了下來，經歷重組，成為了一家新的公司，名稱仍為「大成火災海上保險株式會社」。1995年我的長兄李泰然為了撰寫父親的傳記，前往拜會大成火災東京本社，獲得了社長松村等人的熱情接

待，可惜撰寫計畫隨著兄長的驟逝，隨之擱置。

　　父親的事蹟和大成火災過往的歷史，現已少有臺灣人知曉。如今本書作者連克的論文付梓出版，說明臺灣年輕人當中，還有人願意爬梳資料，去瞭解這段過去，這不僅能讓更多的臺灣人認識這段過往的歷史，也能讓父親的精神，在養育自己成長的故鄉臺灣，繼續延續下去。

　　最後，對連君在學術上嚴謹、鍥而不捨、充滿熱情而又謙虛的態度深表欽佩，並為臺灣能有如此年輕有為的學子而感到欣慰。深信連君在學術研究領域中將繼續取得更大的成就，也一定會為臺灣人文事業的發展做出貢獻。

大成火災海上保險株式會社創辦人李延禧長女

李琇瑛

於日本

2017 年 9 月 29 日

推薦序二

　　國立成功大學歷史學研究所碩士連克先生的大作《從代理人到保險公司：臺灣商人的產物保險經營（1862-1947）》一書，是根據他的碩士論文改寫而成，並在激烈競爭之下，脫穎而出，獲得國史館獎助，由政大出版社出版。

　　我之所以認識連克，是因為他獲得 2013 年中央研究院臺灣史研究所訪問學員獎助，並由我擔任他來訪時期的指導人員。在臺史所訪問期間，他非常積極、用功，不但參加各種工作坊、讀書會、演講以及研討會，而且經常來跟我分享他的研究心得和蒐集資料的經驗。最令人印象深刻的是，他還自費去日本尋找李春生家族成員，而獲得一手材料和進行口述訪問。後來，他也是他們這一批訪問學員中，唯一提交碩士論文，而順利於訪問期間畢業的。

　　2014 年，我擔任他碩士論文的口試委員，得以最先閱讀他的大作，也深知其研究成果的突破性。這本專書是第一本研究臺灣產物保險史的專論，不僅有其主題的開創性，而且透過他在史料爬梳和口述訪問的努力，釐清了清末保險事業如何引入臺灣，日治時期又如何由家畜保險，朝向產物保險發展，特別是對臺灣保險代表會社──大成火災海上保險株式會社有原創性的發現。有別於過去以管理、財經學科背景的論述，他利用了大量的一手檔案，甚至重新發掘過去未使用過的新史料，並從貫時性的角度重建了脈絡清楚的臺灣產物保險史，而得以填補這方面研究的空白或是修正一些既定的刻板印象。連先生

的大作，得以正式由政大出版社付梓，不僅實至名歸，更為日治時期臺灣經濟史奠定紮實的實證研究。本人在連先生邀請之下，忝為其口試委員，謹此聊誌數語，為作推薦序。

中央研究院臺灣史研究所研究員

林玉茹

2017 年 10 月 1 日

推薦序三

　　多元發展是近年來臺灣史研究最重要的現象與成就。不僅物質生活、休閒娛樂與運動、動植物、下層社會史等研究議題帶來了新的視野與觀點，即使是政治、經濟、社會史等傳統領域，也有許多年輕研究者試圖突破舊有的格局，從中開拓新的研究議題。這不僅是臺灣史研究發展多年後可預見的階段成果，也是年輕一輩研究者富有開創性的展現。連克先生的《從代理人到保險公司：臺灣商人的產物保險經營（1862-1947）》就是其中重要的典範，本書雖然不是臺灣保險史研究的先河，但它將保險業的發展與臺灣的海外貿易、殖民統治以及商人買辦的投資策略密切連結，不僅更鮮活地呈現早期臺灣保險事業的歷史軌跡，也為臺灣的經濟史開啟了一扇窗，豐富我們對臺灣傳統貿易活動的想像。

　　保險事業——尤其是海上保險的建立，早已被認為近代西方長程貿易得以發展的重要因素。大英帝國的重商主義得以在世界各地橫行無阻、許多遠洋航程和跨國貿易活動得以建立，勞埃德（Lloyd's Insurance Co.）等保險公司為海外貿易公司的船隻與貨物承擔巨大風險乃是的重要關鍵，也因此保險業史的研究備受西方史家的重視。然而，儘管自 17 世紀以來臺灣和海外的貿易活動相對發達，但在傳統的商業史研究中，多關注商品的生產、流動及其經濟效益，保險業在商品貿易中的角色及其在資本累積中的作用幾乎不曾被提及。從本書可以發現，伴隨著清末以來臺灣進出口貿易的蓬勃發展，保險不僅是

臺灣商人的重要避險工具，保險事業也成為臺灣商人的投資管道，臺灣商人利用與華、洋商合作或交易的機會，從中學習各種海外貿易經驗，進而自立門戶，開辦保險公司。即使1895年臺灣淪為日本殖民地，在殖民政府多方限制與日本財閥的壓迫下，臺灣商人仍利用和日人合作的方式，持續投入此一資本市場，展現其靈活與韌性。在本書中，作者所舉之臺灣家畜保險會社就是個顯著的例子。雖然本人曾撰述清末至日治初期關於臺灣和大陸之間的生豬貿易研究，但只是就貿易活動本身即其經濟與社會背景進行分析、說明，但從本書的論述可以發現，臺灣商人不只從事生豬貿易，也積極避險、甚至在1900年即創辦臺灣第一家保險公司──臺灣家畜保險會社，充分展露臺灣商人在面對現代化國際貿易潮流的肆應能力。

　　研究議題的創新不是憑空想像而來，歷史學研究新議題往往得運用新的研究材料，或是對原有的材料提出新的解釋，這些尋覓資料、詮釋資料的工作有賴勤奮、專注且持之以恆，對於博碩士生來說，還得有勇氣，不畏修業年限的制約。連克先生早在成功大學歷史系就學期間，就以好學、好問、長於論證，備受系上師長和同儕的矚目，當時任教於歷史系的我，也不由得特別關注。當他順利升上研究所開始投入臺灣史研究後，更是展現其不畏困難的韌性，從臺南到臺北，甚至遠赴日本，到任何可以得到資料訊息的地方搜查文獻、口述訪談。本書雖是由碩士論文改寫而成，但使用材料之廣、貫注心血之多皆遠超過碩士論文的必要。進言之，這是一本紮實的研究著作，值得細細品讀，進而深刻理解臺灣商人的機敏性格，與臺灣商業貿易史的多元面向。

中央研究院臺灣史研究所副研究員兼副所長

2017年10月15日

推薦序四

　　很高興本系校友連克的碩士論文〈從代理店到保險會社——臺灣商人的損害保險經營（1862-1947）〉，能在畢業不到五年內便正式出版（書名稍作調整），一則將學術研究成果與讀者分享，一方面也顯示本書研究主題有其當代的需求和重要性。

　　「源自於西方的保險究竟是如何傳入臺灣？又是如何地被臺灣人所接受進而普及的？」乃是連克在學研究期間所提出既素樸又饒富深意的問題，這也是他在碩士班研究生階段所欲挑戰的問題。連克一方面從歷史學的角度，去爬梳相關史料並試圖解析臺灣近代，尤其是日治時期臺灣人保險觀念如何形成與普及於社會的研究課題；另一方面，則以其窮追不捨的精神，從臺灣各地一直到國外，遍尋歷訪相關的國內外人士，進行口述訪談和原始史料的搜羅。

　　以往對於日治時期臺灣史的研究，已逐漸擺脫過度偏重政治運動史與教育史等直接體現殖民權力統治與反殖民運動的「殖民 vs. 抵抗」、「抗日 vs. 親日」等二元對立的詮釋架構。同時，近年來，伴隨著各種史料的出土與發掘，以及跨領域研究理論的交融與運用，如何透過不同層次的史料和方法，重新檢視日治時期殖民政策與殖民地社會彼此間的相互作用關係，以及對生活其中的住民所產生的影響等日常生活史議題的鑽研，成了研究者相當關切的面向。

　　而連克本書所關注並投入的「保險史」研究課題，正呼應了近年來歷史理論與史料多元化的發展趨勢，並實際去探尋臺灣社會與臺灣

人對來自近代西方世界影響的「保險」，如何影響臺灣傳統社會並進而
逐漸落實於日常生活中的歷史過程與社會變遷，廣泛的從不同層面來
加以考察，冀能更全面的關照臺灣近代社會的演變情形，時間含跨超
過一世紀。

　　連克自建中畢業後便由北部負笈就讀本系，敝人忝為指導教授，
更是一路看著他為了深化論文的內容或蒐集史料，不惜「上窮碧落下
黃泉，動手動腳找東西」，利用假期自費前往海外尋找與其研究議題
相關的文獻，以及訪談相關人士。換言之，連克對於學術研究有一股
打破砂鍋問到底的激力，和穩健踏實、不厭其煩與史料文獻周旋的底
力。而這樣的努力耕耘，也讓他的研究成果先後榮獲 2015 年國立臺灣
圖書館「臺灣學博碩士論文研究獎助」以及 2016 年國史館「國史研究
獎勵出版」的榮譽。

　　最後，期勉即將進入國家公務機關服務的連克，能秉持對學術研
究的熱忱，繼續貢獻於大眾與社會。

國立成功大學歷史學系副教授

陳文松

於成大

2017 年 10 月 31 日

推薦序五

　　在臺灣保險學界的人員或許因為較不熟悉歷史學的研究方法，因此極少有人耕耘保險史領域，而歷史學界的人員則或許礙於保險學的專業內容，亦較少涉足保險史的研究。因此過往保險學與歷史學的研究就如同兩條平行線，各有各的專業領域，各有各的研究方法，很難達成學際對話的成效。所幸近年來陸陸續續有歷史學的研究生相繼投入此一甚未開拓的領域，利用爬梳綿密史料的專長，開始建構出日治時期乃至更早的保險史學內容，而本書作者——連克便是其中的佼佼者。

　　連克乃是歷史學界的科班出身，為了對保險專業與實務領域有更進一步的認識，還曾經擔任過財產保險公司的內勤職務。除了精進保險專業外，連克更積極把握時間做田野調查，特別是日治時期大成火災海上保險株式會社的相關人員，曾經為此多次遠赴日本做相關訪談，取得許多第一手的史料。這樣的精神與態度，也反映在他多篇的專業期刊發表上。

　　本書基礎乃是從連克 2014 年的碩士論文編修而來，但較為遺憾之處，乃是未能反映作者近年最新的研究成果。此外由於保險史牽涉的範圍甚廣，本書僅只於財產保險部分，對於人身保險以及簡易人壽保險部分則未涉及。保險在臺灣已有百年以上的發展歷史，臺灣的保險滲透率（保費對 GDP 之比率）一直穩居世界前茅。未來期待能有更多保險學或歷史學領域的新人能投身此一領域，持續對我國的保險事業

發展史做出更多學術貢獻。

日本國立一橋大學商學博士（保險）

國立臺中科技大學保險金融管理系副教授

曾耀鋒

2017 年 10 月 31 日

作者序

　　近年，年金保險的改革成為臺灣當前的重要議題，保險牽涉到的範圍極廣，今日幾乎沒有任何國民能被排除在外，但翻閱近代保險的歷史，其作為一種風險規避的工具，在臺灣的發展不過 150 多年，究竟源自西方的保險，是如何引進臺灣、進一步在臺灣這塊土地上成長茁壯？現今的保險制度不只支持著臺灣的產業發展，形成了規模龐大的金融產業，連國家政府也大量將保險制度用於社會福利。

　　保險史作為經濟史研究的一個次領域，有其特殊性，如透過船舶險、貨物險的研究，我們可以觀察臺灣貿易產業的發展；從火險的研究，我們可以看到建築產業的變遷；在車險的研究，我們可以觀察臺灣社會汽車的普及與汽車產業的發展；而工程險的研究，則與臺灣十大建設的發展相互輝映。可以說，在近 150 多年來臺灣的經濟發展背後，都可以找到保險的身影，故保險作為一種經濟史的研究角度，可以在將來為臺灣經濟史的研究創造更多的可能性。

　　本書改寫自筆者的碩士論文，在問題意識上，著眼於臺灣保險業的源流發展，故內容上主要為商業保險中的產物保險研究；本書時代橫跨清末、日治到戰後初期，作為一個貫時性的研究，雖然我們無法擺脫政治史的斷代記述，但筆者也試圖在本書建構一個屬於保險產業自己歷史發展的脈絡，這也是本書之所以將時間斷限在 1947 年臺灣保險業收歸公營的原因。筆者期望本書能具有可讀性，在統計數字的背後，透過官方檔案、期刊報紙、公司資料、私人文書、口述歷史、日

記等多樣化的史料文獻，呈現臺灣保險史中的人事物。

　　距離碩士論文的發表至今已過三年，這些年筆者又前往日本兩次，致力於蒐集新的文獻資料和補充外國的保險史研究，並在與前輩師友們的討論中，增補、修正部分論文內容。礙於筆者個人能力有限，保險史作為一個新的研究議題，仍有許多部分尚待補充，本書如有錯誤，筆者當負全責。

　　本書的出版，特別感謝國史館、政大出版社、中央研究院臺灣史研究所、中央研究院近代史研究所、國立臺灣圖書館以及母校國立成功大學，沒有以上機構的支持，本書不可能順利完成出版。謹以這本小書，獻給所有關心和幫助過我的人們，謝謝您們。

連克

於臺北土城

2017 年 10 月 11 日

Chapter 1

第一章
緒論：追尋臺灣的保險源流

第一節　研究動機與目的

　　現今保險已是臺灣人生活的一部分，2008 年起，臺灣壽險投保率突破 200%，2014 年更高達 230.61%，[1] 代表臺灣平均每 1 人至少就有 2 張壽險保單；而臺灣產險自 2009 年起，每年都有 1,000 億以上的保費收入。[2] 臺灣保險業發展成如此龐大的規模，不能不說保險作為一種均攤風險的工具，已被各公司企業和臺灣人廣為運用，象徵著臺灣社會對於生命和財產的重視。但從歷史著眼，保險卻並非源自於臺灣，而是西方資本主義社會的產物，這不禁令人好奇，源自於西方的保險究竟是如何傳入臺灣？

　　對於保險，現代人最易聯想到與自身生命息息相關的「人壽保險」（法律稱「人身保險」，日文稱「生命保險」），但實際上，臺灣「產物保險」（法律稱「財產保險」，日文稱「損害保險」）的發展較「人壽保險」還要來得更早，且淵遠流長。在李安導演

1　財團法人保險事業發展中心，〈人壽保險及年金保險投保率（Number of Life and Annuity Policies to the Total Population in Taiwan Area）2002-2015〉，收錄於「政府資料開放平臺」：http://data.gov.tw/node/13514（2016/11/18 點閱）。

2　財團法人保險事業發展中心，〈產物保險業務統計 2009-2013〉，收錄於「保險財務業務統計」：http://www.tii.org.tw/opencms/information/information1/000006.html（2016/11/18 點閱）。

執導的電影《少年 PI 的奇幻漂流》中，主角 Piscine Patel（自稱 PI）所搭乘的貨船因暴風雨沉沒，PI 經歷了一段奇幻漂流後終於獲救，此時有兩位日本運輸省海事部官員──岡本友廣和千葉淳朗來到 PI 面前，向他詢問沈船意外經過。由於日籍貨輪在海難發生後並未尋獲，對船難唯一的倖存者 PI 詢問，成了日本官員建立船難調查報告的重要依據，片中日本官員十分謹慎，並且一再地希望 PI 說出足以採信的合理「故事」。[3] 日本官員為何要詢問 PI？此事即和「產物保險」中的「海上保險（簡稱「水險」）」有關，由於船難調查報告事關船運公司的保險理賠，此為日本官員不得不謹慎調查的重要原因。可以說，有風險的地方，就有保險存在，保險不僅是作為風險發生後的損失填補工具，為了進行保險理賠，事前和事後的調查亦是促進現代工商社會更安全、更進步的重要推動力量。

　　現今產物保險主要分為「海上保險」和「火災保險（簡稱「火險」）」。十九世紀初期，英國在遠東經略，對中國市場的需求日益龐大，最終在鴉片問題上，中英之間爆發了鴉片戰爭，1842 年簽訂南京條約，議定開放廣州、廈門、福州、寧波、上海五個通商口岸，往後，中外又陸續簽訂了各條約增開口岸。1858 與 1860 年簽定天津條約和北京條約後，臺灣安平與滬尾成為通商口岸，1863 年又增開打狗與雞籠作為子口，臺灣遂加入了國際貿易體系，產物保險便在外國商人的貿易需求下帶入臺灣。

　　臺灣開港後，外國保險公司（日文稱「會社」，在臺外國資本以英國資本為大宗）[4] 主要以「代理人」（日文稱「代理店」）的

3　有關電影《少年 PI 的奇幻漂流》劇情，可參見 Yann Martel 著，趙丕慧譯，《少年 PI 的奇幻漂流》（臺北：皇冠出版社，2012 年）。

4　本書在保險公司、會社的名稱上採原名，中國、外國保險公司和清末、戰後臺灣

形式在臺灣推展業務，即保險公司（總公司多設在香港）委託來
臺洋行辦理保險業務，[5] 如 1867 年設立於安平的怡記洋行，截至
1895 年，其代理了廣東保險公司、支那商人保險公司、香港火
災保險公司、南英火災及海上保險公司、紐育生命保險公司。[6]
產物保險與商業貿易的發展極為密切，李佩蓁的研究已指出，當
時安平口岸郊商以「買辦」的身分同洋行合作，成為洋行在臺灣
辦理商務的仲介、代理人，本身也經營自己的產業，[7] 黃懷賢在
臺南三郊的研究也指出，三郊組合中的買辦商人在清代擔任洋行
商務代理人，其多角化產業經營中的產物保險業務甚至一直延續
至日治時期。[8]

　　當時代理產物保險公司的代理人每年約可獲得 120 圓的報
酬，另還可取得 9.5-10% 手續費，其餘郵票、筆墨及驗貨等必要
開銷亦可向外國保險公司請求，另由於有支付保險客戶保險金的
需要，收取的保費不會馬上交付給在香港的保險總公司，只要每
月底製作月結報回報即可；[9] 可以說，對於代理保險業務的買辦
商人來說，經營產物保險業務無疑地可以為其帶來可觀的現金收

保險公司均稱「公司」；日本保險會社和日治時期臺灣保險會社均稱「會社」；而
在公司職稱上，為避免混淆，職務能對照至現今公司職務者，盡量採現在的稱
呼，如重役（董監事）、取締役（董事）、監察役（監察人）、支配人（協理、經
理）等，不能者則採原稱另作說明。
5　臨時臺灣舊慣調查會編，陳金田譯，《臨時臺灣舊慣調查會第一部調查第三回報
　　告書臺灣私法第三卷》（南投：臺灣省文獻委員會，1993 年），頁 359。
6　農商務大臣官房文書課，《臺灣產業略誌》（出版地不詳，1895 年），頁 265-266。
7　李佩蓁，〈安平口岸的華洋商人及其合作關係——以買辦制度為中心（1865-1900）〉
　　（臺南：國立成功大學歷史學研究所碩士論文，2011 年）。
8　黃懷賢，〈臺灣傳統商業團體臺南三郊的轉變（1760-1940）〉（臺北：國立政治大
　　學臺灣史研究所碩士論文，2012 年），頁 61。
9　臨時臺灣舊慣調查會，陳金田譯，《臨時臺灣舊慣調查會第一部調查第三回報告
　　書臺灣私法第三卷》（南投：臺灣省文獻委員會，1993 年），頁 369。

益，此為不得不重視此一時期臺灣保險業發展的重要原因。

臺灣保險業始於十九世紀中葉臺灣開港，因洋行的商貿需求，將保險帶入臺灣。除了洋行代理保險公司業務外，協助洋行商務的買辦商人也代理了貨物的產物保險業務。洋行和買辦商人為輸出的商品投保產物保險，同時也透過其他保險代理人，分保給其他保險公司，或為本地商人的輸出貨品辦理保險業務；在投保標的物上，海上保險主要辦理指定航道的船隻及貨物保險，而火災保險則是辦理指定儲倉貨物的倉庫，此時尚未有家屋的火險投保。由以上約略可知，清代開港通商後，臺灣的保險主要為配合商業貿易需要的產物保險，人壽保險僅有零星的代理人紀錄，可見此一時期接觸保險的臺灣人主要為通商口岸的商人，產物保險與人身更為密切的人壽保險其實都尚未普及於臺灣。

1894 年中日戰爭後，1895 年簽訂馬關條約，清廷將臺灣及澎湖群島割讓給了日本，臺灣自此進入日治時期。初期臺灣的商務雖因武裝抗日而暫時受到阻礙，但在很短的時間內便恢復了以往與外國保險公司的代理合作關係，1897 年起，日本明治火災保險會社代理人三井物產株式會社進入臺灣，臺灣的產物保險業便形成了「內地日本產物保險公司總公司—在臺內地保險代理人」和「外地外國產物保險公司總公司—洋行與臺灣本地買辦商人代理人」的競爭關係，但這樣的關係在日本對外不平等條約的解除、臺灣總督府驅逐外國資本的政策、對外貿易降低與對日貿易增加等狀況下，外國產物保險公司在臺灣的業務便漸漸萎縮。

在這樣的趨勢下，日治時期臺灣人在商務上，為了貨物投保的需要，便不得不與日本保險公司合作，部分更成為其下代理人，幫助日本保險公司推廣業務。而臺灣商人從以往代理外來資本的合作經驗中，催生了臺灣家畜保險株式會社（1900 年設立，以下簡稱「臺灣家畜保險會社」）和大成火災海上保險株

式會社（1920 年設立，以下簡稱「大成火災」）。由於總督府的
立法規範，在 1923 年以前，臺灣人尚不能自行獨資或合資成立
公司，[10] 故日治時期臺灣的產物保險公司皆是以「日臺合資」的
方式設立股份有限公司（日文稱「株式會社」），以大成火災為
例，1920 年創立時的公司董監事（日文稱「重役」）中，臺灣人
計有董事長（取締役社長）李景盛、常務董事（常務取締役）郭
廷俊、董事（取締役）林柏壽、陳朝駿、林獻堂、張家坤、吳文
秀、李延齡、鄭肇基、監察人（監察役）辜皆的、陳啟貞、洪以
南、許廷光、吳澄淇、林熊光、郭邦光，日本人有常務董事益子
逞輔、董事門野重九郎、小池張造、赤司初太郎、監察人齋藤豐
次郎，從組成觀之，可見臺人比例之重，其中也有李景盛（李春
生長子）、陳啟貞（陳中和長子）兩位買辦商人的第二代，[11] 可見
臺籍商人經商手腕的彈性，雖歷經不同時代的改變，仍然能順應
時代潮流，有所應對。

　　在 1926 年基隆顏家顏國年擔任大成火災董事後，大成火災
便囊括當時臺灣五大家族和各地富豪。以 1932 年《臺灣株式年
鑑》的紀錄來看，臺人大股東（日文稱「株主」）的持股共計有
49,579 股，佔全部 100,000 股的近一半（49.6%），若再加上持股
不足 1,000 股的小股東股份，臺人股份應超過半數，相對之下日
人大股東的持股僅共有 21,236 股。[12]

　　從以上可知，日治時期產物保險公司的設立，是臺、日人
合作下的產物。1937 年後，進入戰爭時期的在臺產物保險公

10　王泰升，〈臺灣企業組織法之初探與省思〉，《臺灣法律史的建立》（臺北：元照出
　　版公司，2006 年第二版），頁 305。
11　鈴木辰三，《臺灣民間職員錄大正九年》（臺北：臺北文筆社，1920 年），頁
　　150-151。
12　竹本伊一郎，《臺灣株式年鑑》（臺北：臺灣經濟研究會，1932 年），頁 24。

司，在統制經濟下成為吸收民間資金的工具，保險普及率更加上
升，[13] 截至 1945 年止，臺灣平均每 3 戶就有 1 張人壽保險保
單，[14] 大成火災更由於是唯一一間總公司在臺灣的保險公司，有
推行業務上的便利，成為了當時臺灣最大的產物保險公司，甚至
在內地東京、大阪設立分公司（日文稱「支店」），在神戶設立營
業部（日文稱「出張所」）。臺灣各保險公司的業務在 1945 年終
戰後仍持續進行，直到 1947 年被國民政府收編、合併為臺灣產
物保險公司與臺灣人壽保險公司兩間公營保險公司為止，臺灣商
人參與保險公司的經營方告中斷。

　　歷來對於戰前保險史的探討多著重於日治時期保險公司的經
營，對清代臺灣保險代理人的討論往往是寥寥數語，但如果從推
動保險業務的經營者進行觀察，則可看到日治時期設立的產物保
險公司，無疑地是延續清代以來合作代理的形式。故本書希望以
人物研究（主要為臺灣商人）[15] 議題出發，考察產物保險自清末
開港通商以來的發展，進一步深化臺灣保險史、經濟史的討論與
研究。

13　曾耀鋒對日治時期的臺灣生命保險發展階段進行分期，將 1905-1937 年稱為「競
　　爭的時代」，並將 1937-1945 年稱為「統制的時代」，參見曾耀鋒，〈日本統治時
　　代の台湾における生命保険市場に關する史的研究：競争の時代から統制の時代
　　へ〉（東京：一橋大学大学院商学研究科会計・金融専攻博士論文，2008 年）。
14　曾耀鋒，〈日治時期臺灣壽險史研究的回顧與展望〉，《興大歷史學報》，第 23
　　期，2011 年 6 月，頁 118。
15　本書所指稱的「臺灣商人」，除開港前已在臺從事貿易的郊商外，亦包括清末開
　　港通商後往返於兩岸的華商，文中述及清末臺灣商人時，亦稱「在臺華商」；日
　　治時期後均稱「臺灣商人」。

第二節 研究回顧

本書所指的保險，主要分為產物保險與人壽保險兩大項，但對兩者的研究呈現不平衡的發展；至今臺灣學界較多著重於人壽保險的研究，產物保險則較少被提及。而社會學、保險學、商學的研究均較史學研究為盛，目前史學界的參與尚少。但在更大的時代脈絡上，臺灣史學界在經濟、法律、公司、人物的研究上，已有許多優秀的研究成果，或建構了時代的歷史舞臺，或提及了公司組織與商人的參與。由於產物保險所涉及議題範圍極廣，與商業貿易、輪船航運、臺人公司的組織法律等息息相關，須放在更大時代的政治、經濟背景下來討論，方可呈現出臺灣人的參與，這些研究成果極為豐富，在此不一一列出，而就主要提及商人、公司與保險的分析研究。

壹、經濟史與法律史

開港通商後，由於洋行的貿易需要，產物保險引進臺灣，林滿紅《茶、糖、樟腦業與臺灣之社會經濟變遷（1860-1895）》[16]透過《海關報告》、《英國領事報告》將清末臺灣通商口岸的商品貿易與島內社會經濟作一全面性地研究；茶、糖、樟腦等外銷的商品，也是主要的產物保險標的，但林滿紅在其著作中，僅利用《海關報告》、《英國領事報告》的紀錄稍微提及產物保險的作用，而在其他臺灣貿易史、航運史的研究中，如《近代臺灣海運

---

16 林滿紅，《茶、糖、樟腦業與臺灣之社會經濟變遷（1860-1895）》（臺北：聯經出版社，1997 年）。

發展：戎克船到長榮巨舶》[17]、《臺灣貿易史》[18]，則幾乎沒有提到與航運、貿易密切相關的產物保險。

　　1895 年後的日治時期，在殖民帝國近代國家法律的帶入下，公司與保險業同樣受到規範，王泰升〈臺灣企業組織法之初探與省思〉[19]即對日治時期總督府的企業組織立法進行考察，提出了在 1923 年〈臺灣民事令〉引進日本內地商法以前，臺灣人即以「日臺合資」的方式設立公司。黃紹恆《臺灣經濟史中的臺灣總督府》[20]第三章以樟腦為例，說明總督府如何在領臺初期、日本仍受外國不平等條約的限制下規範在臺外國人的商業活動，並進一步為 1899 年的專賣制度鋪路，用矢內原忠雄《帝國主義下の臺灣》[21]的說法，此即是讓日本資本進入臺灣的「基礎工程」的一環，若要探究臺灣商人代理外國產物保險業務的沒落，則觀察臺灣總督府如何驅逐外國資本、引進日本資本便是極為重要的背景。

　　涂照彥《日本帝國主義下的臺灣》[22]延續矢內原忠雄的研究，並進一步以五大家族的發展為例，說明其轉變與從屬化。但筆者就保險產業的觀察，總公司設於臺灣的大成火災，最終成為全臺灣最大的產物保險公司，五大家族在臺灣保險業的投資上或許並未從屬於日本資本，反而在與日本人的合作中日漸擴大。以上經濟與法律的前人研究，無疑地為筆者開展了當時代的大歷史

17　戴寶村，《近代臺灣海運發展：戎克船到長榮巨舶》（臺北：玉山社，2000 年）。

18　薛化元主編，《臺灣貿易史》（臺北：外貿協會，2005 年）。

19　王泰升，〈臺灣企業組織法之初探與省思〉，《臺灣法律史的建立》（臺北：元照出版公司，2006 年第二版），頁 281-343。

20　黃紹恆，《臺灣經濟史中的臺灣總督府》（臺北：遠流出版社，2010 年）。

21　矢內原忠雄，《帝國主義下の臺灣》（東京：岩波書局，1929 年）。

22　涂照彥著，李明峻譯，《日本帝國主義下的臺灣》（臺北：人間出版社，1991 年）。

舞臺，對於保險研究，尤其是與貿易商品相關的產物保險和保險公司的成立，均是極為重要的條件。

貳、商人與公司研究

李佩蓁〈安平口岸的華洋商人及其合作關係——以買辦制度為中心（1865-1900）〉[23] 綜合了以往「對抗說」和「合作說」，以買辦制度為中心，觀察安平口岸的華洋商人互動，提出了清末開港後在臺華洋商人的關係不僅是競爭，也是合作，其研究時間斷限在日治初期，可以看見時代變遷下，臺灣的商業貿易並未因此中斷，臺人資本一直保持著極強的耐受性。黃懷賢〈臺灣傳統商業團體臺南三郊的轉變（1760-1940）〉[24] 更以臺南三郊為研究對象，說明了臺南三郊成員的延續與變遷。兩者均有提及臺灣商人代理產物保險的業務，可以說臺灣保險業務的肇始，即源自於洋行和同洋行合作的買辦商人代理。

從臺灣保險發展來看，李春生家族是其中的重要代表性家族，清代臺灣開港通商之初，李春生便來臺擔任洋行買辦，其長子李景盛亦接續其買辦工作，李景盛在其次子李延禧的建議下，擔任臺灣第一家火災保險公司——大成火災海上保險株式會社董事長。[25] 但有關李春生家族的研究，大多僅針對李春生個人的哲

23　李佩蓁，〈安平口岸的華洋商人及其合作關係——以買辦制度為中心（1865-1900）〉（臺南：國立成功大學歷史學研究所碩士論文，2011 年）。

24　黃懷賢，〈臺灣傳統商業團體臺南三郊的轉變（1760-1940）〉（臺北：國立政治大學臺灣史研究所碩士論文，2012 年），頁 61。

25　有關李春生哲學思想的研究，學界著作頗豐，且諸多論文均已整理成論文集和專書，計有李明輝編，《李春生的思想與時代》（臺北：正中書局，1995 年）；陳俊宏編著，《李春生的思想與日本觀感》（臺北：南天書局，2002 年）；李明輝編，《近代東亞變局中的李春生》（臺北：臺灣大學出版中心，2010 年）。李春生之著述亦重新整理成著作集：李明輝、黃俊傑、黎漢基合編，《李春生著作集》，第一

學思想研究。僅陳俊宏曾在〈「台灣史話」：李春生、李延禧與第一銀行〉一文中，針對李春生家族的金融事業——新高銀行和大成火災海上保險株式會社有所提及。[26]

另外，在有關日治時期公司的研究上，林玉茹〈殖民地邊區的企業：日治時期東臺灣的會社及其企業家〉[27] 以臺灣東部公司的發展為例，指出東臺灣在殖民地經濟史的位置和地位，並說明在臺日資在殖民地邊區的特殊地位。此文給予了筆者更多的思考，更希望取徑其方法分析日治時期臺灣保險公司的組成，並說明臺灣人在其中的參與，前述大成火災的例子，應為很好的研究對象。關於保險公司的研究，因前人研究者多涉及保險的制度與經營，故在下述作進一步說明。

參、保險產業、制度與經營史研究

戰後關於保險的研究，主要多為戰後保險史，僅有少數針對日治時期做研究，清代開港後的保險業務往往是寥寥數語帶過。日治時期保險史的研究，多在制度與經營的研究，最早有黃秉心〈臺灣保險業之史的研究〉[28]，由於作者黃秉心為臺灣省行政長官公署參議兼交通處主任秘書，負責接辦全臺保險事業，也是全臺保險公司合併後成立的臺灣人壽、臺灣產物兩間公營保險公司負責人，黃秉心得以初步全面性地回顧日治時期的保險發展資料，

至四冊、附冊（臺北：南天書局，2004 年）。

26　陳俊宏，〈「台灣史話」：李春生、李延禧與第一銀行〉，《臺北文獻》，直字第 134 期，2000 年，頁 203-229。

27　林玉茹，〈殖民地邊區的企業：日治時期東臺灣的會社及其企業家〉，《臺大歷史學報》，第 33 期，2004 年，頁 315-363。

28　黃秉心，〈臺灣保險業之史的研究〉，《臺灣銀行季刊》，第 1 卷第 2 期，1947 年，頁 46-62。

其將日治時期保險種類分為產險、壽險、簡易壽險及戰爭保險四大類，為日後研究者了解日治時期的保險發展奠定基礎。但黃秉心的研究，不僅未詳列日治時期的多項官方的金融統計數據和公司資料，另有關臺灣人的參與，除了大成火災外，提及甚少；更由於戰後初期的時代氛圍，黃秉心看待大成火災的成立，帶有當時反日的民族主義色彩。

曹慧玲《國家與市場：日據時期臺灣壽險市場的發展》[29]是臺灣第一本研究日治時期保險業的學位論文，作者採用 Viviana A. Rotman Zelizer 在 *Morals and Market*[30]的研究方法，從文化、意識形態、宗教等角度切入，曹慧玲論文的核心問題在於其觀察到日治末期臺灣人的負債增加、生活負擔沉重，但人壽保險投保率卻呈現上升的趨勢，曹慧玲認為這樣的現象是國家在戰爭時期儲蓄救國等意識動員的結果，人壽保險公司搭上了愛國順風車。但曹慧玲透過口述歷史卻也指出，就算是進入戰爭時期，日本政府也未強迫臺灣人投保人壽保險，這代表意識的動員似不足以說明臺灣人願意主動投保的現象。

曾耀鋒在其博士論文〈日本統治時代の台湾における生命保険市場に關する史的研究：競争の時代から統制の時代へ〉[31]已提出，將戰爭時期臺灣人壽保險業務的增加歸因於總督府的政策與宣傳是不足的，因為日本公司早在 1937 年進入戰爭時期前便

29　曹慧玲，《國家與市場：日據時期臺灣壽險市場的發展》（臺北：國立臺灣大學社會學研究所碩士論文，2001 年）。

30　Viviana A. Rotman Zelizer, *Morals and Market: the Development of Life Insurance in the United States* (New York: Columbia University Press, 1979).

31　曾耀鋒，〈日本統治時代の台湾における生命保険市場に關する史的研究：競争の時代から統制の時代へ〉（東京：一橋大学大学院商学研究科会計・金融専攻博士論文，2008 年）。

已在臺灣推廣保險了，曾耀鋒完整地利用日治時期的統計資料，分析日治時期臺灣人壽保險業的整體發展，並輔以戰後臺灣的壽險數據，說明了不管是在戰前還是戰後，臺灣人壽保險的增加率改變並不大；另外關於臺灣人的部分，曾耀鋒亦提及上層士紳林獻堂的投保和臺籍人壽保險業務員的出現。關於臺灣人投保的意願，曾耀鋒〈日本統治時代の臺湾人の生保加入に関する研究：政治的誘因か経済的誘因か〉[32] 一文以林獻堂《灌園先生日記》、《臺灣日日新報》為主要史料，發現戰爭時期的臺灣人投保人壽保險，多有準備喪葬費用、子女婚禮費用等經濟因素考量，亦有圖謀保險金等不法利益者，作者主張即使是在殖民統治的特殊環境下，仍舊存在著臺灣人自主加入保險的可能性，提出了「市場作用」論的假設。

　　在郵局辦理的簡易人壽保險的研究上，先有陳怡芹《日治時期臺灣郵政事業之研究：1895-1945》[33] 在日治時期郵政事業發展上提及簡易人壽保險的業務，其後更有黃依婷《日治時期臺灣簡易生命保險研究（1927-1945）》[34] 將日治時期簡易人壽保險制度進行極為細緻的考察，已能讓人完整了解公營郵局的人壽保險業務的推行狀況，可惜由於運用史料多為官方或具官方立場者的著述，關於當時臺灣人對保險的看法，則著墨甚少。

　　關於日治初期人壽保險推展的討論，曾耀鋒〈戰前の日本生

32　曾耀鋒，〈日本統治時代の臺湾人の生保加入に関する研究：政治的誘因か経済的誘因か〉，《保險学雑誌》，第 601 号，2008 年，頁 187-206。

33　陳怡芹，《日治時期臺灣郵政事業之研究：1895-1945》（桃園：國立中央大學歷史學研究所碩士論文，2008 年）。

34　黃依婷，《日治時期臺灣簡易生命保險研究（1927-1945）》（新竹：國立清華大學歷史學研究所碩士論文，2012 年）。

命保險会社の臺湾進出：公衆衛生と法律基盤を中心として〉[35]
對日治初期公共衛生與法律基礎的建立進行考察，公共衛生的改
善與內地保險法規的引進，是促使日本人壽保險公司進入臺灣的
原因，更進一步使臺灣的人壽保險業形成自由競爭的市場。邱繼
正〈日本生命保險業在臺灣市場拓展之阻礙 1896-1912〉[36] 以《臺
灣日日新報》為主要資料，試圖說明日本人壽保險公司來臺的時
間應上溯至 1896 年，並在其學位論文〈日治時期臺灣生命保險
產業研究（1896-1937）——兼論民營與官營之比較〉[37] 中，研究
了 1937 年以前臺灣民營人壽保險公司的經營狀況，並與官營郵
局的簡易人壽保險進行比較。

　　由以上關於日治時期的保險研究可知，研究者多為保險學、
商學、社會學背景，近來雖有歷史學者的加入，但多止於制度的
探討。除初期之研究外，近來的臺灣保險研究集中於人壽保險，
鮮少有專門探討產物保險的，更缺乏推動保險業的臺灣商人的討
論。近來雖有曾耀鋒〈日本統治時代の台湾における大成火災の
事業展開〉[38] 研究當時臺灣最重要的產物保險公司——大成火災
海上保險株式會社，由於其主要利用的是公司社史資料，研究主
題僅限於大成火災，臺灣自清末開港通商以來的產物保險發展尚
需進一步研究。

35　曾耀鋒，〈戰前の日本生命保險会社の臺湾進出：公衆衛生と法律基盤を中心と
　　して〉，《生命保険論集》，第 159 号，2007 年，頁 113-156。
36　邱繼正，〈日本生命保險業在臺灣市場拓展之阻礙 1896-1912〉，收入王成勉主
　　編，《雙中薈：歷史學青年學者論壇》（臺北：新銳文創，2013 年），頁 230-261。
37　邱繼正，〈日治時期臺灣生命保險產業研究（1896-1937）——兼論民營與官營之
　　比較〉（桃園：國立中央大學歷史學研究所碩士論文，2014 年）。
38　曾耀鋒，〈日本統治時代の台湾における大成火災の事業展開〉，《日本台湾学会
　　会報》，第 15 号，2013 年，頁 69-82。

第三節　研究方法

本書採歷史研究法，除了文獻分析解讀外，亦重視相關的統計數據和表格圖表整理；此節就研究範圍、名詞定義進行說明，並呈現和分析本書所運用的資料。

壹、研究範圍

本書的研究範圍，由於著眼於經營保險的臺灣商人，故在空間上，會隨著時間逐漸擴展，時間上，也是著眼於民間保險業的始終。1862年淡水開港設立海關後，洋行進入通商口岸，因商業貿易的需要，產物保險也引進臺灣，故此時空間的討論，主要著眼於滬尾、安平、雞籠、打狗本地商人代理外國產物保險公司的情況。

進入日治時期後，保險業務的推廣空間進一步擴展。經濟產業上，隨著外國資本退出，本地臺人資本逐漸從屬於日本資本，但臺灣本地資本也利用「日臺合資」的方式，突破總督府立法的限制，設立了二家總公司在臺灣的保險公司──臺灣家畜保險株式會社與大成火災海上保險株式會社。但臺灣家畜保險株式會社經營五年便因臺灣總督府的政策而被迫解散，大成火災的經營則一直持續到戰後。故本書將以1947年臺灣民間的產物保險公司與人壽保險公司被國民政府收編、合併為臺灣產物保險公司與臺灣人壽保險公司為止，作為本書的時間斷限。

貳、名詞定義

承前所述，本書在時間斷限上，橫跨清代、日治、戰後三個時期，在時代的變遷下，有關公司組織、職務及保險商品的專

有名詞亦有所變動，為求統一名稱，並方便讀者閱讀，在概念上
一致的日文漢字名詞，本書盡量以現今（戰後）名稱敘述，如日
治時期的保險代理店，即現今的保險代理人（詳參下表 1-1）。
但有若干專有名詞，因有其時空環境的特殊性，不便以現今稱呼
替換，如日治時期的公司、銀行及其特有的職務名稱（頭取、總
理），則以原稱敘述，並輔以註腳說明為原則。

表 1-1、臺灣清代、日治、戰後時期公司組織、職務
及保險商品專有名詞對照表

時期	清代	日治		戰後	
專有名詞	代理人	代理店		代理人	
	行、公司	株式會社		股份有限公司	
	分行、分公司	支店		分公司	
	辦事處	出張所		營業部、辦事處	
	股本	資本金		資本額	
	章程	定款		章程	
	股東會	總會		股東會	
	股東	株主		股東	
	總辦		頭取（筆頭取締役）、總理、社長、代表取締役		總裁、董事長
	會辦	重役、役員	專務取締役、常務取締役	董監事	執行董事、常務董事
			取締役		董事
			常任監察役		常駐監察人、常任監察人
			監察役		監事、監察人
		相談役、顧問		顧問	

時期	清代	日治		戰後	
專有名詞	總司理人	總支配人		經理人	總經理
	司理人	支配人			協理、經理
	洋面保險（水險）	損害保險（損保）	海上保險（海保）	產物保險、財產保險（產險）	海上保險（水險）
	火燭保險（火險）		火災保險（火保）		火災保險（火險）
	人壽保險（壽險）	生命保險（生保）		人壽保險、人身保險（壽險）	

參、資料來源與分析

　　有關清末通商口岸的研究，歷來學者透過《海關報告》、《英國領事報告》已有極為豐富的研究，由於臺灣保險業始於與貿易密切相關的產物保險，故在此希望延續前人研究成果，以說明此時產物保險代理業務的推展，而有關臺灣商人代理外國產物保險公司的資料，多是日治初期臺灣舊慣調查會所徵集而來的商人文書，其中亦包括產物保險契約書（主要為海上保險），並陸續收錄於《調查經濟資料報告》[39]、《臺灣私法》[40] 等書，另外《總督府公文類纂》[41] 在初期亦有針對在臺外國公司進行調查，應可就此建立通商口岸商人代理外資和華資保險業務的情況。

　　《總督府公文類纂》還可以說明總督府的保險與公司政策立

39　臨時臺灣舊慣調查會，《臨時臺灣舊慣調查會第二部調查經濟資料報告》（東京：三秀舍，1905 年）。

40　臨時臺灣舊慣調查會，《臨時臺灣舊慣調查會第一部調查第三回報告書臺灣私法》（東京：臨時臺灣舊慣調查會，1909-1911 年；復刊於臺北：南天書局，1995 年）。

41　臺灣總督府，《總督府公文類纂》（臺北：臺灣總督府，1895-1945 年）。

法，部分法律資料也可從《臺灣總督府府官報》[42]、《法令全書》[43]
和《臺灣史料稿本》[44]中得到。在保險統計上，各年度《臺灣總
督府統計書》[45]中「金融」部分，其統計了臺灣每年的保險事業
成績，有各個種類保險的每年新增保險契約數量與保險金額和
總共有效契約數與保險金額；但《臺灣商工統計》[46]、《臺灣商業
統計》[47]的「保險事業成績表」統計資料更為完整全面，綜合了
1942 年以前所有保險成績重要統計；《臺灣省五十一年來統計提
要》[48]的「保險公司成績」則是就《臺灣商工統計》、《臺灣商業
統計》的統計基礎下，再加上臺灣產物保險公司接收的戰前公司
資料，增補了 1941-1945 年的臺灣產物保險成績，這些均有助於
研究者了解日治時期臺灣產物保險業的整體發展情況。

　　而在公司組織上，為進一步觀察臺灣人的參與，筆者會利用
《臺灣士商名鑑》[49]、《臺灣商工人名錄》[50]、《臺灣官紳年鑑》[51]、

42　臺灣總督府，《臺灣總督府府官報》（臺北：臺灣新報社、臺灣日日新報社、臺灣
　　新報社，1896-1945 年）。

43　內閣官報局編，《明治年間法令全書》（東京：原書房，1982 年）；內閣官報局
　　編，《大正年間法令全書》（東京：原書房，1995 年）；內閣官報局編，《昭和年間
　　法令全書》（東京：原書房，2007 年）。

44　臺灣總督府史料編纂委員會，《臺灣史料稿本》（臺北：中央圖書館臺灣分館藏，
　　1895-1919 年）。

45　臺灣總督府，《臺灣總督府統計書》（臺北：臺灣總督府，1897-1942 年）。

46　臺灣總督府殖產局商工課編，《第一～二十次臺灣商工統計》（臺北：臺灣總督府
　　殖產局商工課，1922-1934 年）。

47　臺灣總督府殖產局商工課編，《第二十一次臺灣商業統計》（臺北：臺灣總督府殖
　　產局商工課，1943 年）。

48　臺灣省行政長官公署統計室編，《臺灣省五十一年來統計提要》（臺北：臺灣省行
　　政長官公署統計室，1946 年）。

49　上田元胤、湊靈雄，《臺灣士商名鑑》（臺北：にひたか社，1901 年）。

50　杉浦和作，《臺灣商工人名錄》（臺北：臺灣商工人名錄發行所，1912 年）。

51　林進發，《臺灣官紳年鑑》（臺北：民眾公論社，1933 年）。

《臺灣實業家名鑑》[52] 和《臺灣人物誌》[53] 等日治時期的人物誌和商工名錄資料。另從《臺灣民間職員錄》[54] 中我們則可以觀察不同年度日本保險公司分公司、營業部中重要臺灣職員的名單，部分重要地方的代理人店主亦會刊出。

　　有關臺灣人經營保險公司的實際面貌，筆者將參考《臺灣日日新報》、《臺灣民報》[55] 等報紙資料。但如果要最為貼近經營者的觀點，日記無疑是最好的觀察史料，由於林獻堂是大成火災海上保險株式會社創設的董事，在《灌園先生日記》[56] 中，即有紀錄其參與大成火災海上保險株式會社經營的所見所聞及其想法。

　　口述歷史部分，2001 年曹慧玲的碩士論文《國家與市場：日據時期臺灣壽險市場的發展》[57] 曾有對 5 名日治時期投保人壽保險的臺北人進行口述，財團法人保險事業發展中心亦編輯了《臺灣地區保險事蹟口述歷史》[58] 一書，其中有擔任日治時期保險公司職員的臺灣人和戰後來臺處理保險公司財產接收事務的國民政府官員。有關大成火災海上保險株式會社的歷史，個人亦訪談了創辦人李延禧的女兒李瑳瑳女士（書末照片 1），[59] 並透過李瑳瑳

52　岩崎潔治，《臺灣實業家名鑑》（臺北：臺灣雜誌社，1912 年）。

53　大園市藏，《臺灣人物誌》（臺北：谷澤書店，1916 年）。

54　鈴木辰三，《臺灣民間職員錄》（臺北：臺灣商工社，1919、1920、1922、1923、1925-1930 年）。

55　臺灣民報社，《臺灣民報》（臺北：臺灣民報社，1923-1941 年）。

56　林獻堂著，許雪姬編，《灌園先生日記》，共 27 冊（臺北：中央研究院臺灣史研究所籌備處、中央研究院臺灣史研究所，2000-2013 年）。

57　曹慧玲，《國家與市場：日據時期臺灣壽險市場的發展》（臺北：國立臺灣大學社會學研究所碩士論文，2001 年）。

58　秦賢次、吳瑞松，《臺灣地區保險事蹟口述歷史》（臺北：財團法人保險事業發展中心，2009 年）。

59　李瑳瑳口述，李傳然、連克訪問，連克整理，〈李瑳瑳女士訪問紀錄〉，2013 年 11 月 20 日上午訪談於神奈川縣川崎市ラゾーナ川崎プラザ 1 階丸善 M&C Cafe。

女士與李延禧孫子李一民先生（書末照片 2）的幫助，取得了許多日本方面的資料，如大成火災的社史資料《五十年の步み：大成火災略史》、[60]《大成火災新會社略史：三十年の步み》[61]、《大成火災海上保險　四十年の步み》[62]和創辦人益子逞輔的自述傳記《一個平凡人的人生（ある平凡人の人生）》[63]；上述社史資料少有前人引用，口述歷史與自述傳記更為新發現之史料，能補充「事業報告書」[64]資料的不足。

　　而在產物保險契約書部分，洪麗完編《外埔鄉藏古文書專輯》[65]留有 1922 年起臺中大甲外埔庄庄長許天奎投保大成火災海上保險株式會社的火險保單，標的物從公學校校舍、教員宿舍、庄役場廳舍到自家住宅都有，而從其投保的保險代理人設於大甲，可以看出此時大成火災海上保險株式會社的業務已進入大甲，甚至向外埔鄉販售保單。而大成火災社史《大成火災新會社略史：三十年の步み》中，亦有提供日本方面的保險契約一張。[66]

　　最後，由於 1937 年後進入戰爭時期的保險史料闕漏較多，

60　大成火災海上保險株式會社編，《五十年の步み：大成火災略史》（東京：大成火災海上保險株式會社，1970 年）。

61　大成火災海上保險株式會社編，《大成火災新會社略史：三十年の步み》（東京：大成火災海上保險株式會社，1980 年）。

62　大成火災海上保險株式會社編，《大成火災海上保險　四十年の步み》（東京：大成火災海上保險株式會社，1990 年）。

63　益子逞輔著，李泰然譯，《一個平凡人的人生（ある平凡人の人生）》（未刊稿）。

64　大成火災海上保險株式會社編，「第一～二十五回事業報告書」（大正 9 年～昭和 19 年），收錄於「企業史料統合データベース」：https://j-dac.jp/bao（2017/3/3 點閱），企業 ID：2929601。

65　洪麗完編，《外埔鄉藏古文書專輯》（臺中：外埔鄉公所，2001 年）。

66　大成火災海上保險株式會社編，《大成火災新會社略史：三十年の步み》（東京：大成火災海上保險株式會社，1980 年），頁 11。

在總督府的政策下，臺灣的產物保險公司與人壽保險公司都歷
經了大整併（大成火災海上保險株式會社由於臺灣總督府的支
持，並未列入被整併的保險公司），如要分析此時期的臺灣保險
業務推展，除利用以上資料外，尚可利用《臺灣拓殖株式會社文
書》[67]、《行政長官公署檔案》[68]、《財政部國有財產局檔案》[69]，由
於臺灣民間保險公司的業務一直持續至 1947 年方終止，要了解
1945-1947 年臺灣保險公司的業務狀況，亦須從上述接收保險公
司的檔案文書進行分析。

第四節　研究架構

　　本書的主題在於探討臺灣歷史中，推動保險業務的臺灣商
人；臺灣商人從代理人到保險公司的經營，不僅說明了從清代延
續至日治的臺灣產物保險發展，也可見臺人資本在時代變遷中，
其商業經營的彈性與耐受性。除第一章緒論外，第二章「應運洋
商貿易、航運而生的臺灣保險業」中，筆者先從清代以來外商洋
行來臺的貿易和航運業務出發，並以此說明臺灣保險業的初始面
貌。第三章「從代理人到保險公司：清末至日治初期臺灣產物保
險業的發展與變遷」，則集中說明 1880-1910 年間的臺灣南北口
岸商人如何參與保險經營？臺灣商人一方面擔任洋行買辦辦理洋
行在臺貨物的產物保險業務，另一方面臺灣商人亦有自己的產
業，自家商號亦會代理華資保險公司，呈現其商業經營的多元
性。而在進入日治時期後，由於臺灣總督府對外國資本的驅逐使

67　《臺灣拓殖株式會社文書》（南投：國史館臺灣文獻館藏）。
68　《行政長官公署檔案》（南投：國史館臺灣文獻館藏）。
69　《財政部國有財產局檔案》（臺北：國史館藏）。

外國保險公司業務萎縮，代理保險業務的臺灣商人轉而和日本人合作，成立了臺灣第一家產物保險公司。

　　而在總督府基礎建設完成後，大正年間的經濟繁榮促進保險產業勃興，第四章「產物保險公司內部的商人競合：以大成火災海上保險株式會社為中心」，即是要說明保險漸次普及的大正年間，臺灣人與日本人合作參與保險公司的實際面貌。1920 年臺灣商人聚集本地重要資本設立大成火災海上保險株式會社，其後更成為全臺最大的產物保險公司。由此來看，在日治時期保險產業上，本地資本並不一定如既有研究指出的從屬化於日本資本。進入戰爭時期後，臺灣保險發展雖穩定增長，但在統制經濟下已逐漸畸形，終戰後臺灣保險業龐大的負債，在 1947 年保險公司全面合併後，保險業務的推展也趨於停滯，直至 1960 年代，臺灣才又有民營保險公司成立。

Chapter 2

第二章
應運洋商貿易、航運而生的臺灣保險業

　　十九世紀，洋商來到東亞地區貿易，保險也隨之而來。在西方船堅炮利下，同時期的中國與日本被迫開港和開國，逐漸擴大了洋商在東亞的貿易。在洋商貿易、航運的需求下，保險也作為洋行貿易的附屬業務來到了東亞地區。保險作為洋行貿易上的附屬產業，隱藏在貿易和航運資料中，因而在前人研究上並未有詳細的探究。

　　過去提及東亞地區早期的保險發展，在中國、臺灣保險史研究上，長期缺乏歷史學者關注，如 1993 年《中國保險史話》[1] 和 2003 年《上海金融志》[2]，屬於通史性的研究，研究者皆為現代保險業界人士，故成果多是羅列了早期成立的保險公司名單，並未進一步詳細說明保險在洋行貿易上的經營情況；上述著作不僅忽視了洋行在中國的保險發展，華商創立的保險公司和輪船招商局的出現亦被過度提高，被中國保險學者視為「民族資本」的象徵。近年來臺灣雖有《臺灣保險史綱（1836-2007）》[3] 和《中國現代保險史綱（1805-1950）》[4] 等大部頭著作，但研究者仍是現

1　吳申元，《中國保險史話》（北京：經濟管理出版社，1993 年）。
2　上海金融志編纂委員會編，《上海金融志》（上海：上海社會科學院，2003 年）。
3　秦賢次、吳瑞松，《臺灣保險史綱（1836-2007）》（臺北：財團法人保險事業發展中心，2009 年）。
4　秦賢次、吳瑞松，《中國現代保險史綱（1805-1950）》（臺北：財團法人保險事業

代保險業界人士，並不關注早期保險業的發展情況，對於 1945
年以前的臺灣保險史研究，則大多延用光復初期黃秉心的調查成
果。[5]

　　在香港保險史研究上，《厚生利群：香港保險史（1841-2008）》[6]
一書雖然是現代保險業者支持的研究，但由於香港保險業者改以
聘請學界學者撰寫，故該書對於初期保險發展，引用了 George
Cyril Allen 和 Michael Greenberg 等西方學者對於十九世紀外商
（主要為英商）在中國貿易的研究成果，[7] 說明保險在十九世紀洋
行貿易發展中所扮演的角色，亦提及了華商買辦在其間的參與。
十九世紀華資保險公司的出現，其實是同外商做生意的中國買辦
商人開始的，在日後「官督商辦」、附設保險公司的輪船招商局
中，仍能看到這些買辦商人的活躍身影。

　　輪船招商局成立的目的，在於對抗外國洋行在貿易上的壟
斷，保險公司的成立，則在於規避風險、支持貿易和航運的順利
運行。同時代的日本，亦面臨到外國勢力入侵。從日本產物保險
的代表公司——東京海上保險株式會社（以下簡稱「東京海上」）
的研究事例上，[8] 觀察日本開國後的產物保險發展情況，以三菱

發展中心，2007 年）。

5　黃秉心，〈臺灣保險業之史的研究〉，《臺灣銀行季刊》，第 1 卷第 2 期，1947 年，
　　頁 46-62；本文後又刊於《壽險季刊》，第 90 期，1993 年，頁 2-13；黃秉心，
　　〈保險事業在臺灣（上）〉，《保險季刊》，第 8 卷第 3 期，1968 年，頁 5-18；黃秉
　　心，〈保險事業在臺灣（下）〉，《保險季刊》，第 8 卷第 4 期，1968 年，頁 5-16。

6　馮邦彥、饒美蛟，《厚生利群：香港保險史（1841-2008）》（香港：三聯書店，
　　2008 年），頁 22。

7　G. C. Allen, *Western Enterprise in Far Eastern Economic Development, China and
　　Japan* (New York: A.M. Kelley, 1968); Michael Greenberg, *British Trade and the
　　Opening of China, 1800-42* (Cambridge: Cambridge University Press, 1951).

8　日本經營史研究所編，《東京海上火災保險株式會社百年史》，上、下兩冊（東
　　京：東京海上火災保險株式會社，1979、1982 年）。

財閥為首的民間企業如何在政府扶植下同航運和貿易公司合作，仿造西方商業模式建立起其世界貿易版圖；1895 年日、清簽署「馬關條約」後，臺灣成為了日本殖民地，隨著日本財閥事業的進出，日本產物保險公司的經營亦延伸到臺灣。

　　產物保險與航運、貿易息息相關，但在臺灣貿易史的研究上，雖然成果豐富，而有關保險的部分，卻多屬附帶一提，如林滿紅《茶、糖、樟腦業與臺灣之社會經濟變遷（1860-1895）》[9]；更多的研究成果則是隻字未提。[10] 在臺灣航運史的研究上，成果亦十分豐富，戴寶村的研究說明了清末至日治時代臺灣南北口岸航運逐漸從帆船轉變為輪船的過程，但與輪船航運息息相關的海上保險仍未被研究者重視。[11]

　　實際上，保險作為洋行貿易的附屬行業，不能不提及其重要性，從日治初期臺灣舊慣調查會的調查成果來看，[12] 臺灣南北口岸自清末開港通商以來，海上保險便與通商口岸的貿易和輪船航運發展密切相關。故本章希望就上述保險史的研究成果，建立香港、中國、日本三地的保險業發展的背景，說明洋商如何透過保險與航運的經營，維持其在東亞地區的貿易；華商如何透過和洋行的合作經驗創立華資保險公司？而中國和日本政府又如何在航運政策上因應西方的挑戰？在這樣的大背景下，臺灣如何延續香港、中國和日本的保險發展？以上均會從與保險息息相關的貿易

9　林滿紅，《茶、糖、樟腦業與臺灣之社會經濟變遷（1860-1895）》（臺北：聯經出版社，1997 年）。

10　薛化元主編，《臺灣貿易史》（臺北：外貿協會，2005 年）。

11　戴寶村，《近代臺灣海運發展：戎克船到長榮巨舶》（臺北：玉山社，2000 年）。

12　臨時臺灣舊慣調查會編，陳金田譯，《臨時臺灣舊慣調查會第一部調查第三回報告書臺灣私法》，第三卷（南投：臺灣省文獻委員會，1993 年）；臨時臺灣舊慣調查會編，《臨時臺灣舊慣調查會第二部調查經濟資料報告》，下卷（東京：三秀舍，1905 年）。

和航運發展中加以觀察。

第一節　以香港為中心的洋行貿易網絡與保險業

壹、東亞地區保險公司的出現

　　保險的歷史最早可追溯至十四世紀歐洲的地中海沿岸，是城市貿易興盛而產生的一種風險規避商品，隨著跨國間的商品貿易交換，發展至歐洲各國。早期的產物保險業比較像是一種商人、航運經理人的互助團體，由商人、航運經理人們共同出資，擔保彼此貨物在海上航運的風險，此一特色在十八、十九世紀保險公司的經營中仍然存在。英國最著名的保險市場勞合社（Lloyd's），原是一間 1790 年代由愛德華・勞埃德（Edward Lloyd）開設在倫敦巴德街的咖啡館，後逐漸成為海陸貿易商人、航運經理人、個人保險商交換訊息的場所，並發展成為英國海上保險中心，勞合社的保險單更成為往後保險的範本。[13] 十八世紀英國工業革命，其對外擴張伴隨著貿易的需要，以倫敦為中心的英國保險業也拓展到世界各地，不論在哪一個國家（法國、美國、德國、日本、中國等），均是採用英國式的保險單，因時代和國情、商務習慣的不同，再以附加條款的方式加以調整。[14]

　　保險伴隨貿易而生，只要有風險，就有保險的需求。在商品從一地運送到另一地的過程中，保險作為商人風險管理的工具，不能不說其有促進貿易發展的作用。以一種商業行為來觀察，

13　馮邦彥、饒美蛟，《厚生利群：香港保險史（1841-2008）》（香港：三聯書店，2008 年），頁 22。

14　日本經營史研究所編，《東京海上火災保險株式會社百年史》，上冊（東京：東京海上火災保險株式會社，1979 年），頁 3-4。

保險更能反映出商品貿易的狀況。正如 George Cyril Allen 的研究中表明：「當洋商來到中國，保障他們經商所需的許多服務也隨之而來，保險正是其中之一。」[15] 從西方人來到東亞從事貿易開始，保險便來到了東亞。十九世紀初的中國，由於清政府的對外貿易政策，廣州成為當時對外貿易的唯一口岸。1801 年，一群洋商便在廣州組織了臨時的保險協會，提供會員自身商船貨物保險，保險金額最高為 1.2 萬銀元，是洋商在華經營保險業務的開始。[16] 隨後，英國在印度加爾各答和倫敦的保險公司也紛紛在廣州設立代理機構。[17] 中國本地的第一家保險公司成立於 1805 年，是英國東印度公司負責鴉片貿易的經理大衛森（W. S. Davidson）發起，在廣州創立的「諫當保安行（Canton Insurance Society）」，由參與的兩間洋行：顛地洋行（Davidson-Dent & Co.，寶順洋行前身）、馬尼亞克洋行（Magniac & Co.，怡和洋行前身）輪流經營管理。1835 年，寶順洋行退出諫當保安行，另組織「於仁洋面保安行（Union Insurance Society of Canton）」。諫當保安行和於仁洋面保安行是鴉片戰爭前洋行在華開設的唯二保險公司。[18]

洋行在華經營自身的保險業務外，同時也成為英國本土、印度保險公司在華的代理機構，承攬其他在華洋行、商人的保險業務。1829 年 2 月《廣州紀事報（*Canton Register*）》記載，馬尼

---

15 G. C. Allen, *Western Enterprise in Far Eastern Economic Development, China and Japan* (New York: A.M. Kelley, 1968), p. 119.

16 Michael Greenberg, *British Trade and the Opening of China, 1800-42* (Cambridge: Cambridge University Press, 1951), p. 171.

17 馮邦彥、饒美蛟，《厚生利群：香港保險史（1841-2008）》（香港：三聯書店，2008 年），頁 24。

18 G. C. Allen, *Western Enterprise in Far Eastern Economic Development, China and Japan* (New York: A.M. Kelley, 1968), p. 120.

亞克洋行擔任了至少 6 家保險公司的代理人，顛地洋行也充當了 4 家保險公司的代理人。[19] 在 1836 年，雖然怡和洋行已獨資經營諫當保安行，但仍然同時代理了 8 家保險公司的業務。[20] 洋行參與保險公司的經營，按股份取得紅利，同時也擔任保險公司的代理人，收取一定百分比的傭金。此一洋行經營、代理保險業務的特色，在中英鴉片戰爭結束，1842 年「南京條約」簽訂，開放廣州、廈門、福州、寧波、上海五口通商後，保險的觸角便隨著洋行的商業貿易，擴展到中國各個口岸。

貳、香港成為華南的航運、保險中心

　　1842 年開港通商後，清政府陸續與世界各國簽訂條約，由於「片面最惠國待遇」，越來越多國家的洋行加入中國貿易市場，原本由英國洋行獨佔的保險事業也開始出現各國的競爭對手。同時，英國的保險公司從廣州移往新的殖民地香港；五口中的上海也逐漸取代廣州，成為中國對外貿易中心。1858 年，中國在英國、法國的船堅炮利下，簽訂了「天津條約」，1860 年又簽訂「北京條約」。除增開牛莊、煙臺、臺灣、淡水、潮州、瓊州、南京、鎮江、漢口、九江作為通商口岸外，還開放長江內河航運與內地遊歷，更加擴大了外國洋行的貿易網絡。1857 年，怡和洋行所屬的諫當保險公司率先在上海設立分支機構。1859 年，美國商人在上海成立瓊記洋行（Augustine Heard & Co.），原是委託怡和洋行辦理貨物的保險業務，1861 年，瓊記洋行改

19　Michael Greenberg, *British Trade and the Opening of China, 1800-42* (Cambridge: Cambridge University Press, 1951), p. 172.

20　G. C. Allen, *Western Enterprise in Far Eastern Economic Development, China and Japan* (New York: A.M. Kelley, 1968), pp. 136-137.

與紐約三家保險公司合作，成為美國保險公司在華的代理人，
揭開了美國與英國保險業在華競爭的序幕。1862 年，美國旗昌
洋行（Russell & Co.）看到長江內河航運的機會，集資 100 萬
兩，在上海設立第一家在華專營航運的輪船公司──旗昌輪船
公司（Shanghai Steam Navigation Co.），並附設「揚子保險公
司（Yangtze Insurace Association Co.）」（資本額 41 萬 7,880 銀
元）。[21] 對於從事貿易的洋行來說，擁有航運業即是掌控海上保險
的客源，從揚子保險公司的名稱即可看出旗昌洋行意欲獨佔長江
流域航運貿易的企圖。

　　1862-1872 年是旗昌輪船公司的黃金時期，1866 年旗昌輪船
公司獲利 22 萬兩，1871 年獲利 95 萬兩，並增資為資本額 200
萬兩的公司（1876 年更達到 330 萬兩，後因經營不善再減資回
200 萬兩），此時旗昌輪船公司的主要競爭對手僅有怡和洋行的
船隊（怡和洋行一直到 1882 年才成立專營航運的輪船公司）。
1873-1877 年，旗昌輪船公司在中國輪船招商局和英國太古輪船
公司（Swire Shipping Co.）的競爭下，旗昌輪船公司的利潤便逐
漸減少，甚至開始出現虧損，原因除了削價競爭外，其舊式的木
製輪船也難以和太古輪船公司的新式鐵製輪船競爭。1877 年，
旗昌輪船公司與輪船招商局簽訂了合同，將其公司所有財產以
222 萬兩賣給了輪船招商局。[22]

　　同時期的華南航運業，英國商人道格拉斯（Douglas
Lapraik）以香港為中心，在 1860 年成立了道格拉斯輪船公司

21　馮邦彥、饒美蛟，《厚生利群：香港保險史（1841-2008）》（香港：三聯書店，
　　2008 年），頁 26、41。

22　胡政主編，朱耀斌、朱玉華編著，《招商局與中國航運業》（北京：社會科學文獻
　　出版社，2010 年），頁 52-54。

（Douglas Steam Ship Co.），[23] 至 1900 年，道格拉斯輪船公司已在汕頭、廈門、福州、淡水、安平設置代理人，這些代理人均是道格拉斯輪船公司的大股東：怡和洋行、嘉士洋行（Lapraik Case & Co.）、德記洋行（Tait & Co.）。[24]

十九世紀以降的華南地區，外國洋行以香港為中心發展貿易、保險、航運業務，隨著在華貿易的興盛，成立了許多新的保險公司，在此整理出當時設於香港的主要保險公司：

表 2-1、1805-1900 年設於香港的產物保險公司一覽表

名稱	成立年	資本性質	經營洋行	承攬業務	說明
諫當保險公司	1805	英資	怡和洋行	海上保險	1841 年遷往香港。
於仁保險公司	1835	英資	寶順洋行	海上保險	1841 年遷往香港。
揚子保險公司	1862	美資	旗昌洋行	海上保險	總部設於上海，在香港註冊，1891 年旗昌洋行倒閉後，成為英資。
香港水險公司	1862	英資	廣隆洋行	海上保險	
北中國保險公司	1863	英資		海上、火災保險	又稱「保家行」，總部設於上海，在香港註冊。
保寧保險公司	1865	美資	瓊記洋行	海上、火災保險	1906 年由於仁保險公司收購。
香港火燭保險公司	1866	英資	怡和洋行	火災保險	又稱「香港火燭燕梳公司」，為香港最大的火災保險公司。
香港維多利亞保險公司	1870	英資	瓊記洋行	海上、火災保險	
中國火災保險公司	1870	英資	仁記洋行	火災保險	

---

23 廖文卿主編，《老洋行新淡水 德忌利士洋行復舊特展》（臺北：新北市立淡水古蹟博物館，2013 年），頁 22。
24 〈ドクラス汽船會社〉，《臺灣協會會報》，第 25 號，1900 年 10 月 30 日，頁 36-37。

名稱	成立年	資本性質	經營洋行	承攬業務	說明
華商保險公司	1871	華、英、美資	同孚洋行	海上保險	由買辦商人發起組織，總部設於上海，在香港註冊，委託美商同孚洋行經理。
安泰保險公司	1877	華資	―	海上、火災保險	
萬安保險公司	1882	華資	―	海上保險	總部設於上海，在香港註冊。
福安水火保險公司	1894	華資	―	海上、火災、人壽保險	
宜安水火保險公司	1899	華資	―	海上、火災保險	
義安水火保險公司	1899	華資	―	海上、火災保險	
福安洋面火燭保險兼貨倉公司	1900	華資	―	海上、火災保險	

資料來源：
1. 馮邦彥、饒美蛟，《厚生利群：香港保險史（1841-2008）》（香港：三聯書店，2008 年），頁 26、41、60、62。
2. 上海金融志編纂委員會編，《上海金融志》（上海：上海社會科學院，2003 年），頁 227-228、270-274。
3. 臨時臺灣舊慣調查會編，《臨時臺灣舊慣調查會第二部調查經濟資料報告》，下卷（東京：三秀舍，1905 年），頁 650-651。

　　從上表 2-1 可知：

　　一、火災保險的出現：1860 年代後，除了主要的海上保險業務外，洋行也開始兼營或成立公司經營火災保險業務，但除了香港殖民地外，火災保險的業務範圍，僅限於中國各口岸租界。[25] 這些保險公司以香港、上海為中心，並在中國各個口岸委託洋行代理保險業務。

25　馮邦彥、饒美蛟，《厚生利群：香港保險史（1841-2008）》（香港：三聯書店，2008 年），頁 27。

　　二、華商保險公司的增加：1870 年代，除了前述「官督商辦」的輪船招商局成立的保險公司外，先有 1871 年由買辦商人發起、和洋行共同組織的「華商保險公司」，後陸續有華商在香港集資成立保險公司，而這些公司亦隨著華商的貿易網絡將保險業務推廣到各個口岸。在下章節將會提到，在臺灣通商口岸的許多買辦商人亦會代理華商保險公司的業務。

　　外國洋行在華經營貿易事業時，同時會經營或代理保險業務，以達到保障自身的商業利益和擴大營收的目的。隨著通商口岸增加、新式輪船引進，洋行為了擴大貿易和保險的事業，展開了航運的爭奪。臺灣在這樣的大背景下，亦無法脫離此一架構，1860 年代臺灣開港通商後，保險便伴隨著洋行的貿易來到臺灣。

第二節　師法西方：中國、日本的輪船航運與保險發展

壹、中國買辦商人在航運、保險業的活躍：
　　以輪船招商局和仁濟和保險公司為中心

　　由於十九世紀洋商在東亞海域的貿易發展，保險同時傳到了中國和日本。「保險（Insurance）」在中國起初被音譯為「燕梳」、「煙蘇」；[26] 1847 年出版的《海國圖誌》中，在〈英吉利國二〉提及：

　　　船貨之存失不定，則又約人擔保之，設使其船平安抵
　　　岸，每銀百兩給保價三、四圓，即如擔保一船二萬銀

26　馮邦彥、饒美蛟，《厚生利群：香港保險史（1841-2008）》（香港：三聯書店，2008 年），頁 26、41。

（兩），則預出銀八百圓，船不幸沉淪，則保人給償船主
銀二萬兩。[27]

魏源根據林則徐的翻譯，將國外事務整理輯錄，他們將保險譯為
「擔保」，保險費譯為「保價」，「保人」則為保險商。

　　首先接觸到保險商品的，是同洋商做生意的華商，在 1824
年，已有廣州城內的張寶順行模仿洋商的保險制度，兼營貨物保
險。[28] 在十九世紀的中國，這些與洋行合作的華商又稱「買辦」，
他們受洋行僱用、委託，同時亦經營自身的商行，如當時的著名
買辦唐廷樞 [29]，1863 年加入怡和洋行，擔任怡和洋行在華的總買
辦，同時經營棉花行修華號的事業。

　　十九世紀下半葉，中國外貿的興盛，越來越多中國商人注
意到經營海上保險的獲利和對其商業行為的保障，華商積極地入
股外國的保險公司，以獲得保險公司的股票分紅和辦理個人的
貨物保險，1857 年怡和洋行在上海設立分支機構，並代理自家
諫當保險公司的海上保險業務，開業初期「分行的業務十分興

27　魏源輯，《海國圖誌》，六十卷，清道光丁未（廿七，1847）年魏氏古微堂（揚州
　　版增補）本，卷 51，〈英吉利國二〉，頁 5b。
28　吳申元，《中國保險史話》（北京：經濟管理出版社，1993 年），頁 35。
29　唐廷樞（1832-1892），初名唐傑，字建時，號景星，又號鏡心，廣東香山縣人，
　　是近代中國著名的華商買辦、清代洋務運動的代表人物。唐廷樞幼年入讀香港馬
　　禮遜教會學堂，憑藉一口流利的英文，1851 年起陸續擔任香港政府、上海海關
　　翻譯。1861 年創辦棉花行「修華號」，轉售中國棉花給怡和洋行，1863 年任怡和
　　洋行總買辦，負責怡和洋行在華一切商務，並拉攏華資附股洋行的保險、航運
　　公司。1873 年應李鴻章邀請，擔任輪船招商局總辦一職，期間陸續設立了保險
　　招商局、仁和保險公司、濟和船棧保險局等多家保險公司。參見劉廣京，〈唐廷
　　樞之買辦時代〉，《清華學報》，第 2 卷第 2 期，1961 年，頁 143-183；易惠莉，
　　〈唐廷樞、徐潤與招商局之籌建與改組〉，收入香港中文大學中國文化研究所文物
　　館、香港中文大學歷史系編，《買辦與近代中國》（香港：三聯書店，2009 年），
　　頁 192-218。

旺。從幾個月內受理的客戶數目來看，華商比外商的數量要多得多。」[30] 另一方面，由於英、美在華保險公司的增加，保險公司之間的競爭也隨之增加，對保險公司而言，拉攏華商入股，不只能鼓勵華商投保自家保險，如需要增資時，拉攏華商也能擴大公司的資本規模。在旗昌洋行以上海為中心，積極地推展貿易、航運、保險業務的同時，1868 年 12 月，上海怡和洋行的經理詹森（F. B. Johnson）曾經致函給諫當保險公司的凱錫（W. Kessig）說：

> 我以前曾提醒你注意，給規模較小的航運公司及中國商
> 號分配更多的股份。這是解決眼下糟糕局面的唯一有效
> 辦法。我們若不加緊攏絡這些主顧，恐怕我們在此將站
> 不住腳。唐景星（唐廷樞）看來已在以最大的努力來拉
> 攏華商。因此我殷切地希望您能考慮把他為我們（保
> 險）公司所賺來的利潤，分一部分給他和其他有影響力
> 的華商。[31]

在上海代理自家保險公司的怡和洋行經理很清楚地認識到，讓保險公司給予華商和航運公司更多保險的股份利益，取得他們的合作，對於怡和洋行掌握以上海為中心的貿易、航運至關重要。

中國買辦商人看到保險的利益，不只投資洋行的保險事業，也開始創設自己的保險公司。1865 年，同怡和洋行合作販賣鴉片的上海華商德盛號設立「義和保險行」，為便利華商投保，在

---

30 聶寶璋，《中國近代航運史資料》，第一輯（上冊）（上海：上海人民出版社，1983年），頁 607。

31 聶寶璋，《中國近代航運史資料》，第一輯（上冊）（上海：上海人民出版社，1983年），頁 603-604。

保險契約書上採一面英文、一面中文的樣式，是中國保險史上的先例（圖 2-1）。[32] 海上保險包含船舶保險和貨物保險，船舶保險由於船隻造價昂貴，其保險經營亦需要較高的資本，而從義和保險行在《上海新報》刊登的廣告來看，義和保險行僅辦理海上貨物保險，其公司的資本規模應該不大（圖 2-1）。

新開保險行

竊啟者自通商以來殷有保險之行以遠涉重洋固能保全血本凡我華商無不樂從而恆就其規也由來雖久無如晉語不同字機迥別殊多未便發我華商等議開義和公司保險行保家紙係寫一面英字一面唐字規例俱有載明並無含糊倘如貴客商有貨配搭輪舺或是夾板往各可者請至本行取保決不至悮特此佈聞

同治四年五月初一日

上海德盛號內開設義和公司保險行啓

圖 2-1、華商德盛號「義和保險行」報紙廣告圖

資料來源：〈新開保險行〉，《上海新報》，1865 年 5 月 27 日，版 2。

清政府在鴉片戰爭和兩次英法聯軍的失利後，開始推行洋務運動，以面對西方勢力的挑戰。1872 年，以李鴻章為首的洋務

---

32 〈新開保險行〉，《上海新報》，1865 年 5 月 27 日，版 2。

派，採「官督商辦」的模式，糾集民間商人集資 100 萬兩入股，在上海設立了輪船招商局，初以沙船（中國式帆船）船主朱其昂擔任總辦，但因辦理輪船航運不佳、招商不利，隔年朱其昂便被李鴻章撤換。朱其昂的失敗，代表傳統中國帆船業者無法順利經營新式的輪船航運業務。實際上，輪船正逐漸取代帆船，成為中國通商口岸的主要運輸工具，1862 年《英國天津領事報告書》記載：「中國帆船因不能保險而逐漸被取代。」[33] 可見保險在航運工具變遷的過程中，起了一定的作用。1873 年，李鴻章改以唐廷樞擔任總辦，徐潤[34]、朱其昂、盛宣懷[35] 擔任會辦；新增的三人中，除盛宣懷為官員外，唐廷樞、徐潤都有擔任洋行買辦的經驗，熟悉西洋事務。[36]

---

[33] Gibon, *"Report on the trade of the Consular of Tientsin for the year 1862,"* British *Parliament Papers* (Shannon: Irish University Press, 1972), p. 159.

[34] 徐潤（1838-1911），初名徐以璋，字潤立，又名潤，號雨之，別號愚齋，廣東香山縣人，是近代中國著名的華商買辦、清代洋務運動的代表人物。徐潤出身買辦世家，1852 年入上海寶順洋行學藝，1861 年升任洋行買辦，管理寶順洋行帳務，期間同華商合夥創辦紹祥字號，經營茶、絲生意，又從事錢莊事業，開設敦茂錢莊。1868 年離開寶順洋行，在上海獨立經營寶源祥茶棧。1873 年應李鴻章邀請，擔任輪船招商局會辦一職，為總辦唐廷樞最重要的左右手，直到 1884 年退出。參見蘇舜卿，〈從買辦商人到實業家——徐潤（1838-1911）研究〉（臺南：國立成功大學歷史學研究所碩士論文，2002 年）；卜永堅，〈徐潤與晚清經濟〉，收入香港中文大學中國文化研究所文物館、香港中文大學歷史系編，《買辦與近代中國》（香港：三聯書店，2009 年），頁 220-232。

[35] 盛宣懷（1844-1916），字杏蓀（杏生、荇生）、幼勖，號補樓愚齋、次沂、止叟等，江蘇武進縣人，是近代中國著名的實業家、政治家、清代洋務運動的代表人物。盛宣懷出身官員家庭，因父執輩與李鴻章的交情，盛宣懷在 1870 年被李鴻章招為幕僚，經手洋務，陸續辦理航運、煤礦、電報、紡織、教育、銀行等諸多事業。在輪船招商局的經營上，和唐廷樞、徐潤不和，在 1885 年唐廷樞退出經營後，盛宣懷便接任了輪船招商局總辦一職。參見夏東元，《盛宣懷傳》（上海：上海交通大學出版社，2007 年）。

[36] 陳錦江著，王笛等譯，《清末現代企業與官商關係》（北京：中國社會科學出版社，1997 年），頁 79-82；胡政主編，《招商局畫史》（上海：上海社會科學院出版

　　與洋行合作的華商多有參與洋行的海上保險業務，自身亦嘗試貨物保險的經營，但華商之所以尚無經營船舶保險，主要原因有二：

　　一、投保的船隻限於夾板（西洋式帆船）和火輪船（輪船），1865 年由華商德盛號成立的義和保險行也遵循此一原則。[37] 華商極少擁有西洋式帆船和輪船，在輪船航運皆掌控在洋商的情況下，華商自然也沒有辦理船舶保險的誘因和急迫性。

　　二、船舶保險的經營需要投入極大的資本，輪船本身造價昂貴，如發生沈船意外則難以賠付。保險的商品特性在於計算出風險發生的機率，並以此計算收受的保險費率，如要讓實際經營趨近於概率，則必須拉攏一定數量的客戶保單，才能貼近機率、穩定獲利。[38] 而輪船造價昂貴、數量又不多，以致華商對於船舶保險的經營興趣缺缺。

　　輪船招商局成立之初，即遭到洋行的排擠，1872 年 11 月，輪船招商局所屬的輪船「伊敦」號營運以來，或遭洋行保險公司拒絕承攬其船舶保險，或訂出苛刻的承保條件。[39] 為此，輪船招商局開始籌劃自營船舶保險，1873 年 7 月，由唐廷樞起草的〈輪船招商章程〉中提到：

> 棧房、輪船均宜保險以重資本也。棧房原為輪船利於裝卸起見，客商貨物應由原人自行保險，為所存槽糧一時未能運竣，萬一失火，關係匪輕，應由商局向保險行保火險。至海面水險一層，保費較重，雖經入奏有案並未

社，2007 年），頁 8-13、15。

37　〈新開保險行〉，《上海新報》，1865 年 5 月 27 日，版 2。

38　在保險學中，此一概念又稱為「大數法則」。

39　胡政主編，《招商局畫史》（上海：上海社會科學院出版社，2007 年），頁 26。

奉准，應請仿照沙寧船定例，遇風沉沒，准商局稟請豁
免。至輪船船價甚鉅，亦應保險，惟每年每船須保費萬
金，絕非長策，應請俟三年之後，將所得餘銀，除提利
息花紅外，另列一保險公款，自行保險。俟保險資本積
有鉅款，不但可保自船，他船亦可兼保。[40]

1875 年，輪船招商局決定招集股份，以 15 萬兩資本成立「保險
招商局」；隔年，在保險招商局的基礎上，成立了中國第一家船
舶保險公司——「仁和保險公司」（增資為資本 25 萬兩），1877
年又增添股本，達到 50 萬兩。該公司的一切保險業務，均由招
商局代理；同年，輪船招商局併購了美商旗昌輪船公司。隨著輪
船招商局業務的擴大，1878 年又創辦了「濟和船棧保險局」（「後
改為濟和水火險公司」），資本 50 萬兩，兼營船舶、貨物保險。[41]
1886 年，輪船招商局決議合併仁和保險公司和濟和水火險公
司，改稱「仁濟和保險公司」，資本 100 萬兩。[42]

貳、日本國家扶植形成的財閥經營航運、保險業：
以三菱財閥為例

　　十九世紀的日本，原只開放荷蘭商人通商，1853 年美國艦
隊來到江戶，迫使德川幕府於隔年簽訂「神奈川條約」後，西方
各國的商人陸續來到日本，其中以英、美兩國商人為主，短短十

---

40 〈輪船招商章程〉，收入徐潤輯，《招商局文書匯編》（出版地不詳，1881 年），
　收入胡政主編，《招商局畫史》（北京：中國社會科學院出版社，2010 年），頁
　9-10。

41 胡政主編，《招商局畫史》（上海：上海社會科學院出版社，2007 年），頁 26。

42 孔令仁、李德征主編，《中國老字號》，卷十　文化、金融、交通卷（北京：高等
　教育出版社，1998 年），頁 484。

數年間，日本周圍海域的貿易、航運和保險業務幾乎由洋商所獨佔。[43]福澤諭吉在 1866 年的著作《西洋事情》裡，關於西方的契約制度，包含有「火災擔保」和「海上擔保」；[44] 1867 年出版的《西洋旅案內》中，福澤諭吉更將西方的保險制度獨立章節說明，並分為「生涯請合」、「火災請合」、「海上請合」。[45]

明治維新後，日本政府為收回海上的航運權，於 1873 年設立了「官民合辦」的「保任社」輪船公司，保任社經營函館—東京—大阪間的航運，同時辦理海上保險業務，其日文保單亦是以英國勞合社的保單為範本；但保任社的經營並不順利，隔年便因虧損而解散。[46] 1874 年，因牡丹社事件的運輸需要，避免受外國輪船公司限制，日本政府改以委託三菱商會的岩崎彌太郎向外國收購輪船，1875 年成立郵便汽船三菱會社（日本郵船株式會社前身），在日本政府的補助下，三菱商會在海運界有了飛躍性地成長，成為日本第一大的輪船公司。[47]

為了追趕上歐美國家，除了輪船公司外，日本政府鼓勵民間資本投入貿易和保險事業，1879 年由華族資本和郵便汽船三菱會社組成的東京海上保險會社成立，資本額 60 萬圓。[48]有日本第

43　日本經營史研究所編，《東京海上火災保險株式會社百年史》，上冊（東京：東京海上火災保險株式會社，1979 年），頁 9-10。

44　福澤諭吉，《西洋事情》，四卷，明治庚午（三，1870）年尚古堂本（再輯），卷 1，〈證印稅〉，頁 10a。

45　福澤諭吉，《西洋旅案內》，二卷，明治癸酉（六，1873）年慶　義塾出版局本（再輯），卷之下，〈災難請合の事　イシュアランス〉，頁 69a-74b。

46　日本經營史研究所編，《東京海上火災保險株式會社百年史》，上冊（東京：東京海上火災保險株式會社，1979 年），頁 11、14。

47　日本經營史研究所編，《東京海上火災保險株式會社百年史》，上冊（東京：東京海上火災保險株式會社，1979 年），頁 31。

48　日本經營史研究所編，《東京海上火災保險株式會社百年史》，上冊（東京：東京海上火災保險株式會社，1979 年），頁 53-54。

一大輪船公司的支持，東京海上很快地成為日本最大的海上保險公司。從下表 2-2 所呈現的代理人名單可知，東京海上的業務觸角隨著日本貿易商會、輪船公司的網絡發展到全世界。

表 2-2、1880 年東京海上保險株式會社各地代理人一覽表

代理人	地點
三井物產會社	橫濱、下關、長崎、香港、倫敦、巴黎、紐約
三菱會社	四日市、神戶、大阪、境、上海、元山津
新潟物產會社	新潟
第一國立銀行	釜山浦
三井銀行	小樽
涉澤喜作出店	石卷
中村利兵衛出張所	石濱
井上覺兵衛支店	八戶
田中正右衛門	函館
瀨川德助出店	土崎
藤井能三	伏木、金澤
間瀨半兵衛	宮古

資料來源：日本經營史研究所，《東京海上火災保險株式會社百年史》，上冊（東京：東京海上火災保險株式會社百年史，1979 年），頁 76。

　　除三菱財閥的企業外，東京海上最重要的合作夥伴為三井財閥的三井物產株式會社（以下簡稱「三井物產」），1880 年時，三井物產已成為東京海上在香港、倫敦、巴黎、紐約的代理人，負責歐美保險業務的推行（表 2-2）。[49]1895 年日本領有臺灣後，以東京海上為首的日本保險公司透過貿易、輪船公司代理的方式

49　日本經營史研究所編，《東京海上火災保險株式會社百年史》，上冊（東京：東京海上火災保險株式會社，1979 年），頁 76。

來到臺灣。

　　臺灣的保險業承接中國和日本的保險發展，自清末開港以來，即有洋行與買辦從事貿易和代理保險業務，華南海域的航運則掌控在道格拉斯輪船公司手中，在如此環境下，在臺灣的清朝官員如何因應？1895 年後，臺灣總督府面對此一情況，又該如何扶植日本資本在臺灣的貿易和航運，從而成功驅逐外國資本？將會在下一節詳細說明。

第三節　清末、日治初期航運政策下的臺灣輪船貿易與產物保險

壹、清末臺灣輪船航運的變遷與海上保險的發展

　　臺灣的保險歷史，延續前述的中國保險歷史發展，清政府在 1858、1860 年與英、法簽定天津條約和北京條約後，臺灣安平與滬尾成為通商口岸，1863 年又增開打狗與雞籠作為子口，臺灣遂加入了國際貿易的體系，產物保險便在外國商人的貿易需求下帶入臺灣。有關清代臺灣的保險記載極少，資訊也十分零散，但如透過海上保險的船隻和貨物貿易發展進行觀察，或可多少說明此時期的保險發展輪廓。

　　前已述及，近代東亞的保險是從與貿易息息相關的海上保險開始，海上保險又分為投保船隻的船舶保險和擔保貨物的貨物保險，當時不論是船舶還是貨物保險，僅限於投保西洋式帆船和輪船。[50] 林滿紅依據《海關報告書》，指出 1867 至 1876 年淡水茶葉

50　臨時臺灣舊慣調查會編，陳金田譯，《臨時臺灣舊慣調查會第一部調查第三回報告書臺灣私法》，第三卷（南投：臺灣省文獻委員會，1993 年），頁 362。

出口的載量民帆船已不如外船，隨著輪船出現，更大大地影響淡
水的戎克船貿易。[51] 戴寶村利用《清末臺灣海關歷年資料》中淡
水、打狗海關各年度船隻數量和載貨噸數的統計紀錄，指出雖北
部通商口岸輪船取代帆船成為主要貿易工具的時間較南部為早，
但在 1880 年代後，輪船已逐漸取代帆船，成為航運工具的主
角。[52] 將《清末臺灣海關歷年資料》中 1868-1895 年淡水、打狗
海關總進出口輪船、帆船數量和噸數統計如下：

表 2-3、1868-1895 年淡水、打狗海關總進出口輪船、帆船數量和噸數表

年度	淡水海關				打狗海關			
	總進出口輪船數	總進出口輪船噸數	總進出口帆船數	總進出口帆船噸數	總進出口輪船數	總進出口輪船噸數	總進出口帆船數	總進出口帆船噸數
1868	—	—	—	—	4	1,140	197	42,946
1869	—	—	—	—	2	1,048	254	50,724
1870	—	—	—	—	6	2,538	364	83,284
1871					20	8,852	333	76,697
1872	80	29,492	212	53,758	31	9,332	292	70,606
1873	97	47,534	187	55,331	32	8,552	237	59,419
1874	65	22,316	72	19,180	48	17,136	265	67,964
1875	82	28,628	131	41,398	62	27,504	222	56,831
1876	88	29,192	226	65,413	81	35,347	318	90,262
1877	99	33,533	190	51,821	62	21,116	222	63,345
1878	125	44,673	155	45,306	65	23,588	177	51,321
1879	132	37,082	162	51,746	96	36,450	213	67,922
1880	166	65,620	62	24,153	87	36,796	227	82,523
1881	174	82,758	99	34,402	122	61,836	200	62,041

51　林滿紅，《茶、糖、樟腦業與臺灣之社會經濟變遷（1860-1895）》（臺北：聯經出
　　版社，1997 年），頁 138-139。
52　戴寶村，《近代臺灣海運發展：戎克船到長榮巨舶》（臺北：玉山社，2000 年），
　　頁 125。

年度	淡水海關				打狗海關			
	總進出口輪船數	總進出口輪船噸數	總進出口帆船數	總進出口帆船噸數	總進出口輪船數	總進出口輪船噸數	總進出口帆船數	總進出口帆船噸數
1882	206	84,678	101	32,857	116	67,188	155	48,753
1883	205	92,899	78	28,892	118	62,227	177	62,584
1884	176	80,684	56	20,384	113	83,739	179	67,215
1885	180	78,304	26	6,485	87	57,494	125	40,169
1886	214	100,706	59	17,951	90	66,799	100	36,277
1887	235	114,492	18	5,792	88	65,443	123	40,144
1888	210	123,583	46	24,418	115	77,705	79	31,030
1889	237	156,335	55	19,166	123	97,016	49	17,386
1890	252	171,074	16	6,743	148	114,827	46	18,478
1891	278	176,064	32	12,059	144	101,130	29	10,817
1892	268	160,966	18	5,627	168	111,378	21	8,167
1893	376	227,778	23	5,990	139	95,223	26	10,906
1894	378	216,689	17	5,690	161	122,105	26	9,048
1895	174	88,265	1	364	107	87,290	18	8,222

資料來源：黃富三、林滿紅、翁佳音編纂，《清末臺灣海關歷年資料》，（一）、（二）兩冊（臺北：中央研究院臺灣史研究所籌備處，1997年）。

從上表2-3中1868-1895年淡水、打狗海關總進出口輪船、帆船數量和噸數可知，1880年後的淡水海關不論是輪船船數和噸數皆已超過帆船，打狗海關則直到1887年，輪船才在數量和噸數上完全領先帆船。從海上保險來看亦是如此，1873年的《領事報告書》指出，輪船航運除了速度較快、價格較廉外，當年度許多保險公司將船隻的貨物保險金額額度從原本的10%提升到33%，亦是促使輪船取代帆船的原因之一。[53]保額的提升，與航運的風險降低有關，輪船與帆船相比，是較為安全的海上運

[53] Robert L. Jarman, *Taiwan: political and Economic Reports 1861-1960 V.1* (Slough: Archive Editions Limited, 1997), p. 380.

輸工具，促使通商口岸的商人選擇輪船來輸出、輸入貨物。臺灣
南部通商口岸輪船取代帆船的時間較北部為晚，1888 年的〈打
狗海關報告書〉指出，在 1887 年南部口岸洋行開始大量使用輪
船運輸蔗糖後，保險業務也得以順利推展。[54]

　　依據 1900 年代臨時臺灣舊慣調查會針對海上保險費的調查
成果，保險費率的計算皆以輪船運輸為準，代表輪船已成為臺灣
南北口岸投保海上保險貨物的主要運輸工具（表 3-2）。[55] 上述例
子均說明，臺灣通商口岸的輪船航運的發展與保險業務的擴展是
相輔相成的，海上保險促進臺灣南北通商口岸的航運工具由帆船
轉變為輪船，輪船亦促進了海上保險在臺的業務擴展。

貳、清朝、日本政府在臺的輪船航運政策

　　承前所述，在 1871 年後，臺灣的輪船航運基本上為道格拉
斯輪船公司所壟斷，[56] 同時代中國的輪船招商局，在清政府支持
下，以上海為中心，經營槽運為主，並兼攬客貨運，隨後又開闢
了南至香港的航線，但在 1883 年中法戰爭爆發後，影響了輪船
招商局在華南海域的業務；[57] 雖然如此，在臺灣的清朝官員也並
非毫無做為，1885 年中法戰爭結束後，臺灣建省，劉銘傳作為

54　黃富三、林滿紅、翁佳音等編，《清末臺灣海關歷年資料》，（二）（臺北：中央研
　　究院臺灣史研究所籌備處，1997 年），頁 809。P. H. S. Montgomery 著，謙祥譯，
　　〈1882-1891 年臺灣臺南海關報告書〉，收入臺灣銀行經濟研究室編，《臺灣經濟
　　史》，第六集（臺北：臺灣銀行經濟研究室，1957 年），頁 120。
55　臨時臺灣舊慣調查會編，《臨時臺灣舊慣調查會第二部調查經濟資料報告》，下卷
　　（東京：三秀舍，1905 年），頁 600-601。
56　矢內原忠雄著，周憲文譯，《日本帝國主義下之臺灣》（臺北：帕米爾書店，1985
　　年），頁 32。
57　戴寶村，《近代臺灣海運發展：戎克船到長榮巨舶》（臺北：玉山社，2000 年），
　　頁 335-336。

首任巡撫，處理善後事務、防務，急需兵船、貨船，但在 1885 年 5 月時，臺灣僅有「萬年青」輪船一艘在淡水，「伏波」則由於船隻老舊、水箱破裂，數次送回福州馬尾船廠維修。由於無船遣送兵勇，劉銘傳甚至從上海暫借外商的威斯麥輪船運載；直到 1886 年，劉銘傳才委託商務局委員李彤恩，陸續以 38,000 和 26,000 銀兩向外商購買「威利」、「威定」兩船，兩船除載運興建臺北署府的磚瓦料件外，亦可供商務局應用。[58]

但至 1888 年底，「萬年青」、「威利」、「威定」皆先後沉失，僅餘「飛捷」、「浮波」、「海鏡」三船，「飛捷」輪船專用於維護臺澎、臺閩間的電報水線，並不載運貨客，而「浮波」、「海鏡」皆為福州船政局的老船，船齡已逾 20 年，不僅每年須耗資 6 萬餘銀兩進行維護，且屢壞屢修，隔年又須大修，已預定在澎湖馬公城完工後裁撤。至此，臺灣即無輪船可用，故劉銘傳奏請變售舊船，以 36 萬銀兩向英國購買「駕時」、「斯美」兩艘新船，供商務局使用。[59] 由於商務委員李彤恩已於同年病故，劉銘傳改會同各個在臺商人，採「招股」方式購買船隻。根據 1895 年《臺灣海防檔》中有關中日雙方對於臺澎、臺閩間的電報水線產權交涉檔案[60]中可知，在 1888 年商務委員李彤恩病故後，劉銘傳改由

58　劉銘傳，〈請撥兵商各輪船片（光緒 11 年 5 月）〉、〈添購輪船片（光緒 13 年 5 月）〉，收入劉銘傳著，臺灣銀行經濟研究室編，《劉壯肅公奏議》，卷五「設防略」，臺灣文獻叢刊第 27 種（臺北：臺灣銀行經濟研究室，1958 年），頁 251-253。

59　劉銘傳，〈添購輪船片（光緒 13 年 5 月）〉、〈變售舊輪船以資新購招（光緒 15 年 11 月 26 日）〉，收入劉銘傳著，臺灣銀行經濟研究室編，《劉壯肅公奏議》，卷五「設防略」，臺灣文獻叢刊第 27 種（臺北：臺灣銀行經濟研究室，1958 年），頁 253-255。

60　1895 年臺灣納入日本統治後，日本依據國際公法向北洋大臣王文韶主張閩、臺間的電報水線過去是由臺灣巡府撥款所建，應歸日本所有；總理各國事務衙門回覆日方，閩、臺電報水線為劉銘傳於 1886 年時委託怡和洋行以 22 萬銀兩所購

板橋林家富商林維源負責糾集民間資金，並將「駕時」、「斯美」
兩船委託盛宣懷總辦的輪船招商局經營，但第一年輪船招商局即
因虧損 10,840 銀兩，而要求官府以等值的臺、閩電報水線交換
兩商船，「駕時」、「斯美」兩船遂於 1889 年收歸為官輪。[61]

　　從輪船招商局短暫經營後撤出臺灣航線的例子，可以看出
盛宣懷與劉銘傳在自強新政合作上的不同調，前者盛宣懷更重視
經營者自身的利益，在輪船招商局虧損之初便退出臺灣輪船航運
的經營；後者劉銘傳在臺辦理洋務期間，委託洋行購辦電報水陸
線和採購機器、槍砲、水雷、火藥等物，在洋行的運輸報價中均
附有保險，[62] 可見劉銘傳並非毫無保險概念，但在經營臺灣航運
的過程中，由於劉銘傳並沒有將海上保險作為發展輪船航運的保
障，以致在短短數年間經歷沈船的困境，終無法改變洋行壟斷臺

建，但在 1888 年購置「駕時」、「斯美」兩艘新船花費的 33 萬銀兩中，有三分之
一（11 萬銀兩）為臺灣林維源所招募，三分之二（22 萬銀兩）為當時輪船招商
局總辦盛宣懷所購。劉銘傳原希望由在上海的輪船招商局代為經營臺灣商務局的
航運業務，以求內外合作，無奈輪船招商局於 1888 年經營一年即因虧損 10,840
銀兩而收手經營，要求「駕時」、「斯美」收歸官輪，其華商所出資金 22 萬銀
兩，以等值的閩、臺電報水線進行交換，由於輪船招商局並無經營電報事業，
閩、臺電報水線轉交給同是盛宣懷擔任總辦的電報總局經營，並由電報總局償付
輪船招商局 22 萬銀兩價款。故 1895 年時，總理各國事務衙門向日方主張，閩、
臺間的電報水線係屬中國方面之產業，唯臺、澎間電報水線可以另定契約方式賣
予日方。參見王文韶，〈北洋大臣王文韶函呈閩臺海線原案（1895）〉，收入臺灣
銀行經濟研究室編，《臺灣海防檔》，下卷，臺灣文獻叢刊第 110 種（臺北：臺灣
銀行經濟研究室，1961 年），頁 152-161。

61 劉銘傳，〈變售舊輪船以資新購摺（光緒 15 年 11 月 26 日）〉，收入劉銘傳著，臺
灣銀行經濟研究室編，《劉壯肅公奏議》，卷五「設防略」，臺灣文獻叢刊第 27 種
（臺北：臺灣銀行經濟研究室，1958 年），頁 254-255。

62 劉銘傳，〈購辦水陸電線摺（光緒 12 年 8 月 28 日）〉、〈採購機器模片等件銀錢數
目附奏片〉、〈擬購水雷礦藥附請核議片（光緒 14 年 9 月）〉、〈買砲到防立案片
（光緒 15 年 5 月）〉，收入劉銘傳著，臺灣銀行經濟研究室編，《劉壯肅公奏議》，
卷五「設防略」，臺灣文獻叢刊第 27 種（臺北：臺灣銀行經濟研究室，1958
年），頁 257、263、265。

灣輪船航運的局面。

　　1895 年日本領有臺灣後，臺灣總督府於 1896 年以每年提供 6 萬圓的補助，命令大阪商船株式會社（以下簡稱「大阪商船」）開闢神戶—基隆的定期航線，隔年總督府又補助日本郵船株式會社（三菱財閥集團企業，以下簡稱「日本郵船」）開辦臺灣輪船航運，並增開臺灣沿岸定期航線。[63] 大阪商船會社在經營之初便有與道格拉斯輪船公司一爭長短的企圖，[64] 在臺灣總督府的補助下，大阪商船會社在 1898 年起，陸續增開安平—香港、福州—香港、福州—三都澳、福州—興化等華南航線，迫使道格拉斯輪船公司於 1905 年撤出臺灣航線。[65]

參、清末在臺洋行的保險代理業務

　　在清末至日治初期的輪船貿易發展中，海上保險無疑地扮演重要角色，由於道格拉斯輪船公司並未在臺設立分支機構，其輪船航運亦是委託在臺洋行代理的方式經營，這些洋行同時也是輪船公司的大股東，[66]1901 年，道格拉斯輪船公司在淡水的代理人由嘉士洋行（Lapraik, Case & Co.）改為怡和洋行。[67] 在臺灣南北通商口岸從事輪船貿易的洋行，同時亦需要代理保險以保障自身商務。

63　吉開右志太著，黃得峰譯，《臺灣海運史 1895-1937》（南投：國史館臺灣文獻館，2009 年），頁 1-2。

64　大阪商船株式会社編，《大阪商船株式会社五十年史》（大阪：大阪商船株式会社，1935 年），頁 62。

65　吉開右志太著，黃得峰譯，《臺灣海運史 1895-1937》（南投：國史館臺灣文獻館，2009 年），頁 2。

66　〈ドクラス汽船會社〉，《臺灣協會會報》，第 25 號，1900 年 10 月 30 日，頁 36-37。

67　〈ドグラス會社淡水代理店〉，《臺灣日日新報》，1901 年 3 月 5 日，版 2。

　　臨時臺灣舊慣調查會在《臺灣私法》中，列出了 1893 年臺灣南北口岸洋行所代理的保險公司名單：

表 2-4、1893 年臺灣南北通商口岸洋行代理的保險公司一覽表

通商口岸	洋行名	代理保險公司名	公司地址	業務種類
淡水、基隆	和記洋行（Boyd & Co.）	勞合社中國貿易商保險公司（Lloyd's China Traders' Ins. Co.）	香港	海上保險
		新加坡保險公司（Singapore Ins. Co.）		
	水陸洋行（Brown & Co.）	帝國保險公司（The Imperial Ins. Co.）	倫敦	火災保險
	嘉士洋行（Lapraik Case & Co.）	於仁洋面保險公司（Union Ins. Co.）	香港	海上保險
		揚子保險公司（Yangtze Insurace Association Co.）	上海	海上保險
		中國火災保險公司（China Fire Ins. Co.）	香港	火災保險
		商事共同保險公司（Commercial Union Ins. Co.）	倫敦	海上保險
		南洋英國火災海上保險公司（South British Fire & Marine Ins. Co.）	奧克蘭（紐西蘭）	海上、火災保險
	怡和洋行（Jardine Matheson & Co.）	諫當保險公司（Canton Ins. Office）	香港	海上保險
		香港火燭保險公司（HongKong Fire Ins. Co.）	香港	火災保險
		倫敦及蘭開夏火災保險公司（London and Lancashire Fire Ins. Co.）	倫敦	火災保險
		紐約生命保險公司（New York Life Ins. Co.）	紐約	人壽保險

通商口岸	洋行名	代理保險公司名	公司地址	業務種類
臺南（安平）、打狗	怡記洋行（Bain & Co.）	諫當保險公司（Canton Ins. Office）	香港	海上保險
		香港火燭保險公司（HongKong Fire Ins. Co.）	香港	火災保險
		勞合社中國貿易商保險公司（Lloyd's China Traders' Ins. Co.）	香港	海上保險
		紐約生命保險公司（New York Life Ins. Co.）	紐約	人壽保險
	瑞記洋行（Malcampo & Co.）	萬安保險公司	香港	海上保險
	東興洋行（Mannich & Co.）	Manheim Ins. Co.		
	德記洋行（Tait & Co.）	北中國保險公司（North China Ins. Co.）	上海	海上、火災保險
		爪哇海上火災保險公司（Jawa Sea & Fire Ins. Co.）	雅加達	海上、火災保險
		於仁洋面保險公司（Union Ins. Co.）	香港	海上保險
		海峽海上保險公司（Strait Marine Ins. Co.）	新嘉坡	海上保險
	唻記洋行（Wright & Co.）	揚子保險公司（Yangtze Insurace Association Co.）	上海	海上保險
		中國火災保險公司（China Fire Ins. Co.）	香港	火災保險

資料來源：
1. 臨時臺灣舊慣調查會編，陳金田譯，《臨時臺灣舊慣調查會第一部調查第三回報告書臺灣私法》，第三卷（南投：臺灣省文獻委員會，1993 年），頁 360-361。
2. 臨時臺灣舊慣調查會編，《臨時臺灣舊慣調查會第二部調查經濟資料報告》，下卷（東京：三秀舍，1905 年），頁 647-655。
3. 〈紐育生命保險會社〉，《臺灣日日新報》，1903 年 5 月 19 日，版 2。

　　上表 2-4 中 1893 年的洋行代理人名單，雖不能完全表示清末臺灣開港通商以來所有洋行的保險代理情況，但亦可略知：

　　一、洋行以代理產物保險業務為主：在清末臺灣南北通商口岸的洋行，由於航運貿易的需要，主要代理香港和上海的保險公司業務，其中特別重視和航運密切相關的海上保險，火災保險的

規模很小，投保對象也以存放貨物的倉庫為主，尚無一般家屋投保的紀錄。[68] 此外，根據日治初期舊慣調查會的研究，洋行代理保險多用於自家貨物進出口投保之用，代理洋行本身可獲得較低廉的保費，而會代理多家保險公司，作用在於遇到保額過大的貨物時，可加以分保，以分散風險。[69]

二、人壽保險的代理業務在清末便已存在：臺北的怡和洋行和臺南的怡記洋行同時代理紐約生命保險公司，雖不知其在清代的發展狀況，但該保險公司在 1903 年便在臺北設置分公司經營人壽保險業務。[70]

三、華洋商人的合作關係：對照表 2-1，可知臺南的瑞記洋行所代理的萬安保險公司為華商經營的保險公司。華洋商人在保險業務的合作形式除了洋行代理華資的保險公司外，更普遍的方式是雇用華商為洋行買辦，華商買辦在辦理洋行商務的同時，成為代理保險的洋行的代理人，進而參與洋行的保險業務，除參與洋行保險業務外，在臺華商亦可同時代理華資保險公司。

小結

臺灣在 1858、1860 年開放南北通商口岸後，進入了洋行在東亞的貿易網絡。隨著 1880 年代輪船逐漸取代帆船，成為臺灣南北口岸的重要交通工具後，海上保險業務亦更加普及，從 1893 年臺灣南北通商口岸洋行代理保險公司的情況可知，清末

68　臨時臺灣舊慣調查會編，陳金田譯，《臨時臺灣舊慣調查會第一部調查第三回報告書臺灣私法》，第三卷（南投：臺灣省文獻委員會，1993 年），頁 369。
69　臨時臺灣舊慣調查會編，《臨時臺灣舊慣調查會第二部調查經濟資料報告》，下卷（東京：三秀舍，1905 年），頁 602。
70　〈紐育生命保險會社〉，《臺灣日日新報》，1903 年 5 月 19 日，版 2。

臺灣開港通商後的保險業基本上是延續中國、香港的保險發展。

　　從中國、香港的保險發展上，處處可見華商參和洋行的合作。我們可以看到洋行透過保險和航運的掌控，確保其在東亞的貿易。華商透過和洋行的合作，模仿洋行的保險經營模式，在廣東、香港和上海等地成立華資保險公司。在輪船招商局的例子中，我們仍可看到買辦商人在其中的活躍。在臺洋行代理的保險公司，雖大多屬在香港的外資保險公司，但亦有洋行代理華資保險公司的紀錄（瑞記洋行代理萬安保險公司）。有關在臺華商和洋行的合作與代理保險情況，將在下章詳細說明。

　　面對西方商業勢力的挑戰，輪船招商局作為清朝政府自強新政的一環，亦辦理船隻和貨物的海上保險，企圖與洋行在輪船航運上一爭長短。臺灣方面，巡撫劉銘傳積極添購輪船，委託輪船招商局辦理臺灣輪船航運，期望打破英國道格拉斯輪船公司獨佔航運的局面，但輪船招商局僅在臺經營一年便因虧損退出，臺灣商務局又再經歷了數年的沈船困境，終無法改變洋行壟斷輪船航運的局面；劉銘傳在臺的輪船航運政策失敗，與沈船密切相關，在風險的管理上，劉銘傳沒有複製洋行同時經營海上保險和輪船航運的模式，不能不說是其失敗的原因之一。

　　同時代的日本政府亦積極仿效西方，扶植日本財閥設立貿易、輪船和保險公司，以 1879 年成立的東京海上為代表，隔年東京海上的業務範圍，便隨著日本貿易公司和輪船航運公司的拓展，遍及了東亞和歐美各地。在 1895 年日本領有臺灣後，以東京海上為首的日本保險公司便以貿易、輪船公司代理的方式來到臺灣。1896 年起，臺灣總督府開闢定期航線，補助大阪商船和日本郵船會社經營臺灣航運後，才打破了英國道格拉斯輪船公司獨佔的局面。

第三章
從代理人到保險公司：清末至日治初期臺灣產物保險業的發展與變遷

　　由前章述及清末中國至臺灣的輪船航運與保險發展可知，臺灣在清末開港通商後，並未有保險公司創立。臺灣南北口岸的貨物保險，基本上是以代理人形式由在臺洋行兼營。廖漢臣曾利用日治初期臨時臺灣舊慣調查會的經濟調查紀錄，統計分析當時臺灣南北口岸的保險代理人數量，說明了當時臺灣的產物保險為外商（主要為英商）引進。[1] 但廖漢臣的研究，其實忽視了華資保險公司和華商的存在，當時臺灣的洋行多是香港、英國保險公司的代理人，但香港保險公司並非全為外資，亦有華資保險公司存在。

　　而就算是代理外資保險公司的在臺洋行，其商務經營實際亦需要依賴臺灣當地華商擔任買辦，協助辦理貨物進出口業務。李佩蓁的研究已指出，臺灣南部郊商以「買辦」身分同洋行合作，成為洋行在臺辦理商務的仲介、代理人，買辦商人本身亦經營自己的產業，具有雙重身分；[2] 黃懷賢在臺南三郊的研究中也指出，三郊組合中的買辦商人在清代擔任洋行商務代理人，其多

1　廖漢臣，〈外商與保險業〉，《臺北文物》，第 7 卷第 2 期，1958 年，頁 71-87。
2　李佩蓁，〈依附抑合作？清末臺灣南部口岸買辦商人的雙重角色（1860-1895）〉，《臺灣史研究》，第 20 卷第 2 期，2013 年，頁 66-67。

角化產業經營中，產物保險業務一直延續至日治時期。[3] 如果再從日治初期《臨時臺灣舊慣調查會第二部調查經濟資料報告》中記載的在臺保險代理人紀錄觀察，分析代理華資保險公司的商號及店東背景，亦可見臺灣南北口岸華商經營產物保險業務的多元性。

　　自清末開港通商以來，臺灣南北口岸的華商便有了接觸、經營保險的經驗，在日治初期總督府的立法下，促成了 1900 年臺灣第一家保險公司——「臺灣家畜保險株式會社」成立。由於產物保險與航運、商務息息相關，臺灣家畜保險株式會社的出現，可以作為分析臺灣清末至日治初期對外貿易變遷的一個面向。

　　本章希望承繼前章所述在臺洋行的保險代理業務，進一步分析同洋行合作和代理華資保險公司的在臺華商，其保險經營的多元性。在臺華商究竟可從代理保險業務中獲得多少利益？從臺灣家畜保險株式會社的事例來看，臺灣商人如何就現有資源，將其保險代理業務的經驗用於經營保險公司？臺灣商人自清末到日治初期，從保險代理人到保險公司的經營變化，其間的保險經營模式，反映了當時臺灣產物保險市場的發展與變遷。

第一節　外資、日資貿易競爭下的
在臺華商保險代理業務

壹、在臺華商參與外資、華資保險公司的代理業務

　　在中國近代保險發展中，買辦商人在與洋行貿易的過程中

3　黃懷賢，〈臺灣傳統商業團體臺南三郊的轉變（1760-1940）〉（臺北：國立政治大學臺灣史研究所碩士論文，2012 年），頁 61。

接觸保險業務，進而自行開辦保險公司，甚至參與輪船招商局附設保險公司的經營。前節文末已述，在清末臺灣，雖未有保險公司在臺設立機構，但保險公司仍以洋行代理其業務的方式在臺經營保險，在臺灣同洋行合作的華商買辦，亦參與了洋行的保險經營。在臺華商除擔任買辦參與洋行保險業務外，自家商號亦能同時代理華資保險公司。從臨時臺灣舊慣調查會在《臺灣私法》的調查成果中可知，日治初期臺灣南北口岸的華商商號，至少擔任普安、安泰、恆安、宜安、濟安、福安、協安、乾元、義安、萬安、仁安等 11 家華資保險公司代理人，但《臺灣私法》並未詳列代理人店號或店東人名。[4]

　　在臺華商一方面擔任洋行買辦、一方面代理華資保險公司的情況，可從日治初期（1904 年前後）[5] 臨時臺灣舊慣調查會的經濟調查加以證實。據《臨時臺灣舊慣調查會第二部調查經濟資料報告》中所記載的在臺保險公司代理人紀錄，上述《臺灣私法》中的 11 家華資保險公司均有出現，並對照前章表 2-4 日本領臺前的洋行代理保險公司可知，日治初期臺灣產物保險基本上延續清末以來的保險代理業務。在 1904 年的調查紀錄中，除了原有洋行代理保險公司外，增加了許多華資保險公司代理人和日資保

4　臨時臺灣舊慣調查會編，陳金田譯，《臨時臺灣舊慣調查會第一部調查第三回報告書臺灣私法》，第三卷（南投：臺灣省文獻委員會，1993 年），頁 361。

5　臨時臺灣舊慣調查會編的《臨時臺灣舊慣調查會第二部調查經濟資料報告》，下卷於 1905 年出版，其中有關保險代理人的調查時間並無詳細的年代記載，在文末備註中有 1904 年已停業店家的紀錄，推測 1904 年應為最晚的調查時間，但從代理人地址的記載可知，臨時臺灣舊慣調查會對在臺北的保險公司和日資保險公司的代理人調查較為詳細，又從《臺灣日日新報》的記載來看，其中日本海陸保險株式會社已於 1901 年解散；臨時臺灣舊慣調查會所掌握的資訊應有時間和內容上的差異，故該份調查雖為現存最為完整的臺灣保險代理人資料，有一定的史料價值，但仍不能將其視為當時在臺全部保險公司的紀錄。

險公司代理人（表2-4、章末表3-1）。

　　過去廖漢臣曾利用同樣的資料進行統計，說明臺灣保險源自清末開港以來的外商代理，許多保險公司為香港和英國的外資保險公司。[6] 臺灣保險業源自於外商的說法並無太大問題，但「外商」的性質為何？廖漢臣僅說明保險公司多設於香港和英國，而並未深究。實際上，臨時臺灣舊慣調查會的調查有部分的錯誤，[7] 廖漢臣並未指出，而這些「外商」保險公司，對照表2-1，其實有許多是在香港的華資保險公司。除了前章已提及的1893年瑞記洋行，其所代理的萬安保險公司外，1901年成立的福安保險公司，從公司出資者到經理人均為華商，按當時《臺灣日日新報》的記載：

> 香港為通商要口，舊時開設洋面、火燭保險兼貨倉有限公司者，經有普安、濟安、萬安、宜安、全安、同安諸公司，近復得廣同福行梁繡裳、合興行王少咸、錦德泰行張舜臣及司理人吳秀生、余竹生邀集巨資創建福安保險有限公司，計一萬股，實備資本一萬元。[8]

福安保險公司僅是其中一例，諸多華資保險公司同福安保險公司一樣，將公司設於香港，公司在臺的實際經營則依靠代理人。華資保險公司主要代理人店東亦為在臺當地華商，如萬安保險公司

6　廖漢臣，〈外商與保險業〉，《臺北文物》，第7卷第2期，1958年，頁71-87。

7　臨時臺灣舊慣調查會在保險代理人的調查中，對外國保險公司的情況其實十分不清楚。名稱上常有錯誤和重複出現不同譯名的情況，如於仁洋面保險公司和廣東共同保險公司，英文名都是Union Ins. Co.，是同一家公司；表3-1已將調查成果中重複和拼錯字的保險公司進行過修訂。參照臨時臺灣舊慣調查會編，《臨時臺灣舊慣調查會第二部調查經濟資料報告》，下卷（東京：三秀舍，1905年），頁652-653。

8　〈創設保險〉，《臺灣日日新報》，1901年1月8日，版3。

的代理人，除了前述瑞記洋行外，還有當時臺灣北部第二大茶業商號聯成號（店東黃爾仰，資本額 6 萬）、[9]大和洋行（店東辜顯榮）、臺南東益號（店東侯紫東）。而板橋林家謙裕行主事許潤潭，則同時代理普安、安泰保險公司。

　　其實，在臺華商除了代理華資保險公司外，亦可透過擔任洋行買辦的方式，參與洋行的產物保險經營。李佩蓁在有關臺灣南部口岸買辦商人的研究中指出，臺灣南部洋行的人力基本上十分單薄，除了洋行行東外，僅有職員 1-2 人。[10]黃富三在有關臺灣北部美利士洋行的研究中指出，外籍人士也僅有行東美利士（James Milisch）本人一人。[11]上述兩人的研究說明洋行在臺灣的商務經營上，必須仰賴精通語言、熟悉當地商品的買辦商人幫助，方能確保進出口商品的順利。買辦商人在洋行的實際經營中佔主導地位，又可以藉外商的名義，在治外法權的保護傘下，同時經營自己的生意；華商買辦的雙重身分，呈現出其多層次的商業活動。[12]

　　有關臺灣的保險代理人，連橫在其著作《臺灣通史》中提及：

　　初，紐西蘭海上保險公司來臺開辦保險事務，委瑞興洋

9　〈臺北縣殖產調查書類〉，《臺灣總督府公文類纂》，第 36 冊第 24 號，1896 年 11 月 22 日。

10　〈獨逸領事館所在地問題二關連シ臺灣在住外國人ノ員數居住區域、所有地等ノ調查ヲ始ム〉，臺灣總督府史料編纂委員會編，《臺灣史料稿本》，1895 年 9 月 18 日；李佩蓁，〈依附抑合作？清末臺灣南部口岸買辦商人的雙重角色（1860-1895）〉，《臺灣史研究》，第 20 卷第 2 期，2013 年，頁 41。

11　黃富三，〈清代臺灣外商之研究：美利士洋行（上）〉，《臺灣風物》，第 32 卷第 4 期，1983 年，頁 126。

12　李佩蓁，〈依附抑合作？清末臺灣南部口岸買辦商人的雙重角色（1860-1895）〉，《臺灣史研究》，第 20 卷第 2 期，2013 年，頁 67。

行理之，已而華洋保險公司亦分設南北，商務日興，而
航運往來亦日盛。[13]

連橫認為臺灣開港通商後，最早來到臺灣的保險公司是委託瑞興
洋行代理的紐西蘭海上保險公司，而其岳父沈鴻傑，亦代理了紐
西蘭海上保險公司，連橫表示：

> 外舅沈德墨先生為臺灣商界巨子，慘澹經營，以興腦
> 業，其勞多矣。先生名鴻傑，泉之安溪人。年十三，隨
> 父赴廈門學賈。稍長，習航海，貿易東南洋，至則習其
> 語。凡日本、越南、暹羅、爪哇、呂宋、新嘉坡，遠
> 至海參崴，靡不游焉。漳泉人多習水、狎波濤、冒瘴
> 癘，以拓殖南嶠，故輒瀕危險，而志不少挫。數來臺
> 灣，販運糖、茶，賈於天津、上海，而獲其利。同治五
> 年（1866），寄籍郡城（臺南），遂家焉。素諳英語，與
> 英人合資建商行。既又與德人經營，採辦洋貨，分售南
> 北，而以臺貨赴西洋。嗣為紐西蘭海上保險代理店（代
> 理人），臺南之有保險自此始。[14]

實際上，根據李佩蓁的研究，德商瑞興洋行是在 1885 年來到臺
南開業，而瑞興洋行的買辦，正是連橫的岳父沈鴻傑。[15] 在此不
論瑞興洋行和連橫岳父代理的紐西蘭海上保險公司是否為臺南保

13　連橫著，臺灣銀行經濟研究室編，《臺灣通史》，卷十九「郵傳志」，臺灣文獻叢
　　刊第 128 種（臺北：臺灣銀行經濟研究室，1962 年），頁 533。

14　連橫，〈黃南球〉，連橫著，臺灣銀行經濟研究室編，《臺灣通史》，卷三十五「列
　　傳七　貨殖列傳」，臺灣文獻叢刊第 128 種（臺北：臺灣銀行經濟研究室，1962
　　年），頁 1012。

15　李佩蓁，〈依附抑合作？清末臺灣南部口岸買辦商人的雙重角色（1860-1895）〉，
　　《臺灣史研究》，第 20 卷第 2 期，2013 年，頁 42。

險業之創始，但沈鴻傑作為臺灣通商口岸的商人，熟悉外國語言與當地商務，在其擔任洋行買辦與洋人合作的同時，自身亦經營同一家產物保險公司的代理業務，應可作為清末在臺華商以雙重身分經營保險的一個事例。[16]

在臺華商的雙重身分，亦可從日治初期臺灣保險代理人的名單中看出，如代理乾元、義安保險公司和協安洋面火燭保險匯兌附揭公司的德記號店東方慶佐，其實是德記洋行買辦陳北學在府城邦記號的當事，兩人均為臺南三郊幹員。[17]同時德記洋行是北中國保險公司（North China Ins. Co.）、海峽海上保險公司（Strait Marine Ins. Co.）、爪哇海上火災保險公司（Jawa Sea & Fire Ins. Co.）、南洋英國火災海上保險公司（South British Fire & Marine Ins. Co.）的海上和火災保險代理人（表3-1），負責德記洋行在南部口岸貨物進出口的買辦商人，亦會涉及洋行貨物運輸、存放的海上保險和火災保險業務。

清末臺灣開港後，臺北著名商人李春生[18]，來臺初期擔任英

16　不知是否受到其岳父影響，日後連橫創辦的《臺灣詩薈》發行所亦成為日本常磐生命保險株式會社的臺北代理人。參見連橫編，《臺灣詩薈》，第2號，1924年3月15日，書末廣告，不著頁碼。

17　李佩蓁，〈依附抑合作？清末臺灣南部口岸買辦商人的雙重角色（1860-1895）〉，《臺灣史研究》，第20卷第2期，2013年，頁68。

18　李春生（1838-1924），又稱鷺江先生，福建省泉州府同安縣廈門人，臺灣著名買辦、貿易商、哲學家，有「臺灣茶葉之父」、「臺灣第一位哲學家」之譽。自幼家貧，父親李德聲以操舟為業，李春生13歲時隨父親於廈門竹樹腳禮拜堂受洗，成為基督徒，自學英文。1857年任廈門怡記洋行（Elles & Co.）買辦。1865年結識英格蘭商人陶德（John Dodd），來臺擔任其寶順洋行（Dodd & Co.）買辦，同年於淡水試種安溪茶種成功。1867年李春生擔任臺灣和記、寶順洋行買辦，長子李景盛亦擔任過和記洋行買辦。除買辦業務外，李春生同時經營李節記商號，從事進出口事業，運銷南洋、美國等地，成為臺灣富商。1884年臺灣建省，李春生與板橋林家林維源集資修築大稻埕千秋、建昌二街，建西式樓房，成為洋商聚居之地。1895年日本領臺之際，臺北紳商為安定社會，以李春生領銜，籌辦

人陶德（John Dodd）所創辦的寶順洋行買辦，除從事茶葉買賣外，亦生理保險。[19] 而後委託李春生與其長子李景盛 [20] 擔任買辦

保良局；李春生因維持臺北城治安有功，同年授勳，1897 年獲頒紳章。進入日治時期後，李春生仍任和記洋行買辦，1897 年改任海門洋行買辦，1901 年卸辦後，擔任美商馬瑾岱洋行買辦，從事煤油進口生意。1910 年後，李春生逐漸淡出商界，將家業交接給三位兒子，買辦職務由長子李景盛接任。李春生家族是臺灣近代銀行、保險產業史上的重要家族，1915 年成立的新高銀行和 1920 年成立的大成火災海上保險株式會社，頭取和董事長皆為李春生長子李景盛。從益子逞輔的自述中可知，新高銀行和大成火災海上保險株式會社的創立，是由李景盛次子李延禧積極推動的，李延禧說服了李春生同意出資成立新高銀行，亦幫助益子逞輔糾集臺人資本成立大成火災海上保險株式會社。參見李明輝、黃俊傑、黎漢基合編，《李春生著作集》，附冊（臺北：南天書局，2004 年）；〈李春生及辜顯榮敘勳二關スル件〉，《臺灣總督府公文類纂》，第 13 冊第 8 號，1895 年 11 月 30 日；〈臺北縣陳慶勳外二百七十名へ紳章附與〉，《臺灣總督府公文類纂》，第 126 冊第 15 號，1897 年 7 月 10 日；益子逞輔著，李泰然譯，《一個平凡人的人生（ある平凡人の人生）》（未刊稿），頁 1-3；〈李春生買辦を辭す〉，《臺灣新報》，1897 年 4 月 27 日，版 3；〈大稻埕の外國商館〉，《臺灣日日新報》，1905 年 3 月 16 日，版 2；〈李景盛君略傳〉，《臺灣日日新報》，漢文版，1911 年 2 月 1 日，版 2；鷹取田一郎編，《臺灣列紳傳》，臺灣總督府，1916 年，頁 2；杜聰明，〈臺省茶葉之父──李春生的生平〉，《臺灣新聞報》，1963 年 9 月 21 日，中央研究院臺史所檔案館藏，識別號：T0606D0497_06_0003。

19　約翰・陶德（John Dodd）著，陳政三譯著，《泡茶走西仔反：清法戰爭臺灣外記》（臺北：臺灣書房，2007 年），作者群像頁 2。

20　李景盛（1860-1922），又名李世昌，字仰臣，福建省泉州府同安縣廈門人，著名買辦李春生長子。自幼熟讀經史，1881 年以第五名取進淡水縣學秀才，1886 年補增生，同年又被選優。李景盛在清末即同父親李春生共同擔任和記洋行買辦，日本領臺後，1897 年與父親李春生一同獲頒紳章。1907 年任臺北廳參事，1910 年任臺北廳農會評議員，在 1910 年代李春生卸辦後，接任馬瑾岱洋行買辦一職。隨後在次子李延禧的提倡下，李景盛擔任 1915 年新高銀行的頭取和 1920 年大成火災海上保險株式會社的董事長職務。參見〈李春生買辦を辭す〉，《臺灣新報》，1897 年 4 月 27 日，版 3；〈大稻埕の外國商館〉，《臺灣日日新報》，1905 年 3 月 16 日，版 2；〈李景盛君略傳〉，《臺灣日日新報》，漢文版，1911 年 2 月 1 日，版 2；〈臺北縣陳慶勳外二百七十名へ紳章附與〉，《臺灣總督府公文類纂》，第 126 冊第 15 號，1897 年 7 月 10 日；鷹取田一郎編，《臺灣列紳傳》，臺灣總督府，1916 年，頁 2；益子逞輔著，李泰然譯，《一個平凡人的人生（ある平凡人の人生）》（未刊稿），頁 1-3。

的和記洋行，則代理了中國貿易商保險公司（China Traders' Ins. Co.）的海上保險業務；日治初期亦延攬李春生擔任買辦的海門洋行，更代理了多家產物保險公司，計有倫敦地方及海上一般保險公司（The London & provincial Marine & Gen Ins. Co.）、海上保險公司（The Marine Ins. Co.）、The Manchester Fire Ins. Co.、帝國保險公司（The Imperial Ins. Co.）（表 3-1）。這說明了清末至日治初期在臺華商在保險經營上，一方面代理華資保險公司，一方面擔任洋行買辦，從事洋行進出口貨物的產物保險業務，可見在臺華商商業經營的多元性。

貳、商人代理保險的獲利

　　臺灣商人在保險代理人的經營上，究竟可獲得多少利益？根據《臺灣私法》的調查成果，當時擔任產物保險公司的代理人，每年約可以筆資名義獲得 120 圓的報酬，另還可取得 9.5-10% 的手續費，其餘郵票、筆墨及驗貨等必要開銷亦可向保險公司請求。[21] 除了以上獲利外，對華商來說，擔任產物保險代理人的一大誘因是資金的取得。[22] 由於代理人有支付保險理賠金給客戶的

21　臨時臺灣舊慣調查會編，陳金田譯，《臨時臺灣舊慣調查會第一部調查第三回報告書臺灣私法第三卷》（南投：臺灣省文獻委員會，1993 年），頁 369。

22　李佩蓁曾利用華商與洋行的買辦契約和總理各國事務衙門檔案中的「欠銀案」進行分析，說明買辦契約所給予的薪資利益極少，買辦商人實際參與洋行的經營，負責代購土貨和代售洋貨，其獲利來源在於洋行資金和貨物的調度運用，而缺乏誠信的買辦常會挪用洋行資金投資自身事業，如遇買辦商人事業虧損無法償付洋行資金，便出現了「欠銀案」。「欠銀案」的出現，代表華商買辦的身分不僅僅是受僱於洋行的員工，更是洋行商業貿易上的合作夥伴，是洋行在通商口岸商務經營的代理人。洋行作為保險代理人，其買辦在保險的經營上亦有類似的情況。參見李佩蓁，〈安平口岸的華洋商人及其合作關係——以買辦制度為中心（1865-1900）〉（臺南：國立成功大學歷史學研究所碩士論文，2011 年），頁 52-61。

需要，收取的保險費並不會馬上交付給在海外的保險公司總部，
代理人只要於每月底製作月結報回報即可，到年底製作年結報時
再行清算，若代理人在年中收取過多保險費或理賠過多保險金，
則公司會在端午或中秋節時進行結算清理；[23] 換句話說，在至少
半年到一年的時間理，所有收取的保險費均存放於代理人，對於
擔任保險公司代理人或擔任洋行買辦的華商來說，經營產物保險
業務無疑地可以為其帶來可觀的現金收益和投資資金，此為不得
不重視此一時期臺灣保險業發展的重要原因。另整理臨時臺灣舊
慣調查會在《臨時臺灣舊慣調查會第二部調查經濟資料報告》和
《臺灣私法》中各項進出口貨物的保險費率：

表 3-2、日治初期（1904 年前後）臺灣南北口岸商品保險費率表

	商品	運輸路線	保險費率	調查對象	說明
出口	茶	淡水→廈門	3‰	隆興、華利洋行	
		淡水→廈門、香港	2.5‰	德記洋行、大稻埕商號	
			*3.33‰		水漬保險（分損）
		淡水→神戶	3.75‰		
			*5‰		水漬保險（分損）
	樟腦	淡水→香港	3‰		1896 年總督府殖產部調查
	黃金	淡水→香港	1.66‰		
	貴金屬貨幣	淡水→香港	1‰		
		安平→廈門	1.5‰		
		安平→寧波	2.5‰		

23　臨時臺灣舊慣調查會編，陳金田譯，《臨時臺灣舊慣調查會第一部調查第三回報
　　告書臺灣私法第三卷》（南投：臺灣省文獻委員會，1993 年），頁 369。

	商品	運輸路線	保險費率	調查對象	說明
出口	糖	安平、打狗→橫濱	5‰	後藤回漕支店	
		安平、打狗→神戶、大阪、門司	4.5‰		
		安平、打狗→長崎、鹿兒島	4‰		
		安平→寧波	3.5‰		
	胡麻	安平→廈門、汕頭、香港	3.33‰	臺南及安平港商號	1900 年保險費率降至 2.5‰
	姜黃	安平→廈門、汕頭、香港	3.33‰	臺南及安平港商號	1900 年保險費率降至 2.5‰
		安平→寧波、上海	5‰		
	龍眼	安平→廈門、汕頭、香港	3.35‰	臺南及安平港商號	1900 年保險費率降至 2.5‰
		安平→寧波、上海	5‰		
	棉花	安平→寧波	4‰	臺南益章號、寧波成章號	
進口	煙草	中國各通商口岸→淡水	2-3‰	大稻埕、艋舺商號	保險費率依運輸距離遠近增減

* 為分損（水漬保險）。當時臺灣的海上貨物保險分為只理賠沈船全部貨物損失的「全損（平安保險）」和沈船或船艙進水致使貨物全部或部分損失時均可理賠的「分損（水漬保險）」。臺灣商人在與對岸間的航路多投保全損（平安保險）。以上保險費率均是以輪船運輸為基準。

資料來源：
1. 臨時臺灣舊慣調查會編，《臨時臺灣舊慣調查會第二部調查經濟資料報告》，上卷（東京：三秀舍，1905 年），頁 211、212、264、308、331、367。
2. 臨時臺灣舊慣調查會編，《臨時臺灣舊慣調查會第二部調查經濟資料報告》，下卷（東京：三秀舍，1905 年），頁 604、605、635。
3. 臨時臺灣舊慣調查會編，《臨時臺灣舊慣調查會第一部調查第三回報告書臺灣私法附錄參考書　第三卷》，下卷（東京：出版者不詳，1910 年），頁 194。

　　從表 3-2 的貨物保險費率來看，保險費率的多寡與海上運輸距離的遠近和貨物性質有關，距離越遠、越容易受損的貨物保費越貴。黃金和貴金屬僅需繳納 1-2‰ 的保險費，而一般貨物的保險費率則大抵維持在貨物價值的 3-5‰。為了保險理賠上的需

要，這些貨物的保險費均會存放於代理人處。投保貨物的項目
（茶、糖、樟腦等）也反映了臺灣南北口岸自清末到日治初期的
主要進出口商品（表 3-2）。

　　不僅保險標的物反映了臺灣南北口岸的主要貿易商品，保
險契約簽訂流程的簡化亦可呈現清末到日治初期臺灣南北口岸
貿易的興盛。當時臺灣的「普通保險契約（Valued policy）」（現
稱「定值保單」），外資保險公司代理人均依照英國勞合社的保險
契約規定明定契約條款，華資保險公司代理人則載明「率照英例
規條辦理」；保險契約需詳記保險貨物、保險價額、保險金額、
保險費、保險期間、要保人名稱、契約簽定日期和運輸船舶的名
稱、國籍、種類、出發港、到達港。除了普通保險契約外，已有
「預定保險契約（Open policy）」（現稱「預約保單」）的出現，外
資保險公司代理人的預定保險契約註明「契約準照本公司保險契
約所載事項」，華資保險公司代理人則明示「今按預保章程」辦
理，商人簽約時不需事前載明保險貨物、保險價額、保險金額、
保險費和運輸船舶的名稱、國籍等，在預定保險契約的時效內，
商人只要事前通知保險代理人，保險契約即自動生效，而貨物的
保險價額、保險金額和費率等，均依照當時普通保險契約規定辦
理，如此便可簡化手續。[24] 預定保險契約的簽定不只代表保險公
司、保險代理人和要保人之間的互信關係，也是簽約三方對保險
契約和保險運作機制的信任。可見在清末到日治初期，海上保險
已是臺灣南北口岸商人所熟悉的風險規避工具。

　　當時會與保險代理人訂定契約的要保人，臺北是大稻埕批發

24　臨時臺灣舊慣調查會編，陳金田譯，《臨時臺灣舊慣調查會第一部調查第三回報
　　告書臺灣私法第三卷》（南投：臺灣省文獻委員會，1993 年），頁 366、368。

商人，臺南則是南北兩郊商人。[25] 而臺灣南北口岸商人在經營保險獲利的同時，為維護自身商業利益，亦可投保自己的貨物。不管是華商商號還是洋行，均會代理多家保險公司，其作用在於遇到保額過大的貨物時，可加以分保，以分散風險。[26]

當然，我們也不能過度誇大此時臺灣保險普及的程度。事實上，清末至日至初期的臺灣保險，主要為海上貨物保險，業務範圍僅限於南北通商口岸，火災保險數量極少，主要投保標的為洋行的倉庫和貨物。[27] 前已述及，海上保險分為船舶保險和貨物保險，兩者均僅限於投保夾板（西洋式帆船）和火輪船（輪船）船隻及其貨物，在 1880 年代輪船成為臺灣南北通商口岸的主要運輸工具後，現存的保險費率均是以輪船運輸為準。

在臺華商極少擁有輪船，多數是戎克船（中國式帆船），這使得臺灣南北口岸華商所經營的海上保險業務，主要為貨物保險。與船舶保險相比，經營貨物保險並不需要很高的資本，故華商商號作為保險代理人的資本亦不高。據《臺灣私法》的記載，洋行代理人的資本約十萬圓上下，華商商號代理人的資本則更少。[28] 在商業傳統上，華商自古便有一套規避風險的方式，如不委託輪船業者運輸貨物，自身亦可將貨物分散在數艘戎克船上運輸，不一定要採用限定輪船運輸的海上保險。[29]

25　臨時臺灣舊慣調查會編，陳金田譯，《臨時臺灣舊慣調查會第一部調查第三回報告書臺灣私法第三卷》（南投：臺灣省文獻委員會，1993 年），頁 362。

26　臨時臺灣舊慣調查會編，《臨時臺灣舊慣調查會第二部調查經濟資料報告》，下卷（東京：三秀舍，1905 年），頁 602。

27　臨時臺灣舊慣調查會編，陳金田譯，《臨時臺灣舊慣調查會第一部調查第三回報告書臺灣私法第三卷》（南投：臺灣省文獻委員會，1993 年），頁 369。

28　臨時臺灣舊慣調查會編，陳金田譯，《臨時臺灣舊慣調查會第一部調查第三回報告書臺灣私法第三卷》（南投：臺灣省文獻委員會，1993 年），頁 362、368-369。

29　臨時臺灣舊慣調查會編，陳金田譯，《臨時臺灣舊慣調查會第一部調查第三回報

參、日資保險公司的競爭與獨佔

　　進入日治時期後，日本保險公司也紛紛以代理人的形式在臺灣推展保險業務。前述代理人的名單中，已可見日資保險公司的代理人。日資保險公司的代理人多為貿易公司（三井物產、賀田組、大倉組）和輪船航運公司（大阪商船、商船組、後藤回漕），地域上集中在基隆、臺北（表 3-1）。

　　在日資保險公司代理人的名單中，值得注意的是經營臺灣總督府命令航線（定期航線）的輪船公司——大阪商船株式會社，成為東京海上保險會社在臺的代理人。早在 1895 日本領臺前，東京海上便在大阪設立分公司，企圖爭取大阪商船的船舶保險業務，終於在 1900 年，東京海上獲得大阪商船 16 艘輪船的保險契約（總保險金額 4,922,000 圓），其中亦有航行於日本—臺灣命令航線的臺中丸和臺南丸。[30] 在 1901 年同大阪商船合作的大阪保險公司日本海陸保險會社解散後，[31] 大阪商船的船隻保險便全部由東京海上負責，大阪商船亦成為東京海上的代理人。

　　另一從事命令航線的日本郵船會社，為三菱財閥轄下公司，從前述日本近代保險的發展可知，三菱財閥在東京海上在成立之初即是大股東，加上東京海上為日本最早、最大的產物保險公司，故在來臺前便是東京海上的客戶；易言之，大阪商船、日本郵船兩輪船公司在 1905 年後獨佔臺灣輪船航運，其背後的援助者，便是東京海上保險株式會社；關口剛司的研究已指出，三菱

告書臺灣私法第三卷》（南投：臺灣省文獻委員會，1993 年），頁 578。

30　日本經營史研究所編，《東京海上火災保險株式會社百年史》，上冊（東京：東京海上火災保險株式會社，1979 年），頁 210-211。

31　〈日本海陸保險の解散決議〉，《臺灣日日新報》，1901 年 5 月 25 日，版 2。

財閥的優勢除了航運運費收益外，尚有保費收入，[32] 若從兩家獨佔臺灣航運的輪船公司代理其海上保險業務來看，東京海上在臺的收入應極為可觀。

日資保險公司的代理人除了輪船公司外，尚有貿易商。同樣是東京海上保險代理人的三井物產會社，自 1880 年開始，三井物產在世界各地的貿易據點（尤其是歐美地區），也成為了東京海上的經營據點。1895 年臺灣成為日本殖民地後，東京海上的保險業務亦自然隨著代理人三井物產在臺機構的設立來到臺灣。

林衡道在其口述歷史中，表示日治初期臺灣總督府欲將「陸上生意以三井財閥取代英商德記洋行，海上生意以三菱財閥取代英商太古洋行。」[33] 曾在 1911 年任職於三井物產臺南辦事處的臺人陳逢源，其在回答三井物產對臺灣的商業榨取時，亦表示：

> 三井洋行在臺灣的商業榨取比較少，榨取最厲害的是製糖會社，強制低價收購甘蔗，並定有區域，不得越區出售，蔗農吃虧很大，三井在商業上之利潤很大，因為是商業貿易獨佔，並且保險，輪船都是自己辦，所以其利益是多方面的。其所辦出口之大宗者為糖、米、茶、煤，都由三井洋行所代理之日本郵船公司所屬輪船裝運，臺灣之米價要看日本之行情而漲跌。又三井洋行由日本輸入臺灣之工業品，肥料、機械、棉布、火柴等之利潤亦很可觀。其綜合經營之獨佔利益甚為龐大，臺灣

32　關口剛司，〈三井財閥與日據時期臺灣之關係〉（臺南：國立成功大學臺灣史研究所碩士論文，2003 年），頁 99。

33　林衡道口述，林秋敏紀錄，《林衡道先生訪談錄》（臺北：國史館，1996 年），頁 71。

　　人不能與之比擬。[34]

可見日本財閥在臺商務經營的多元性質，財閥之間彼此透過代理
的方式合作，使日本貿易商進出口貨物的運輸和保險業務，皆由
日本輪船公司和保險公司負責，以達到商業貿易的獨佔。

　　在臺灣的三井物產會社同時也是三菱系明治火災保險株式
會社（簡稱「明治火災」）的代理人（表3-1）。其實，此時三菱
財閥的東京海上已是多家保險公司組成的產物保險集團，1891
成立的明治火災是東京海上集團中主要負責火災保險業務的公
司。[35]東京海上透過輪船公司、貿易商代理經營在臺保險業務的
情況，似可作一例證，往後的臺灣海上保險，在日本輪船公司的
航運獨佔下，漸漸由日資所壟斷。

　　同時，臺灣總督府在政策上，亦開始直接管制在臺設立代理
人的國外保險公司。1900年3月9日，臺灣總督府以府令23號
公布「保險會社ニ關スル細則」，[36]是臺灣最早的保險事業監督規
則；[37]同年7月29日，臺灣總督府以「保險業法施行規則」取代

34　陳逢源口述，王世慶訪問整理，〈陳逢源先生訪問紀錄〉，收錄於黃富三、陳俐甫
　　編，《近現代臺灣口述歷史》（臺北：林本源基金會，1991年），頁133-134。

35　東京海上集團的直屬和關係企業數量極多，截至1920年，直屬企業除1891年成
　　立的明治火災外，尚有東明火災海上保險株式會社（1907年）、三菱海上火災保
　　險株式會社（1919年）；會社間相互入股的關係企業則更多，計有日本火災保險
　　株式會社（1916年）、帝國帆船海上保險株式會社（1916年）、福壽火災保險株
　　式會社（1916年）、扶桑海上火災保險株式會社（1917年）、大正火災海上保險
　　株式會社（1918年）、大幅海上火災保險株式會社（1919年）、辰馬海上火災保
　　險株式會社（1919年）等多家保險公司皆是東京海上的關係企業。參見〈東京
　　海上の変遷──創業から3社合併まで〉，日本經營史研究所編，《東京海上火災
　　保險株式會社百年史》，上冊（東京：東京海上火災保險株式會社，1979年），
　　書末附錄，不著頁碼。

36　〈保險會社ニ關スル細則〉，《臺灣總督府府報》，1900年3月9日，頁19-20。

37　有關日治時期臺灣、日本保險法規的研究，可參考曾耀鋒，〈日本統治時代の
　　台湾における生命保険市場に關する史的研究：競爭の時代から統制の時代へ〉

「保險會社ニ關スル細則」，[38] 往後保險公司在臺的設立和營業，均須獲得臺灣總督府許可。1900 年保險法令訂定，對於外國保險公司，臺灣總督府僅要求已在臺營業的外國保險公司須在一年內向總督府完成登記。[39] 1913 年，臺灣總督府配合日本內地保險業法的修正，「保險業法施行規則」和「外國保險會社ニ關スル件」進一步作了修訂，[40] 這次的修訂，臺灣總督府針對在臺營業的外國保險公司訂定了高額保證金（供託金），據《臺灣日日新報》記載，經營人壽保險和產物保險的外國保險公司必須分別繳交 15 萬圓和 10 萬圓的保證金，作為其在臺營業的擔保。[41]

　　在臺外國保險公司，早在 1900 年便按日本內地保險業法規定繳納了保證金，1913 年臺灣總督府又要求在臺經營的外國保險公司繳納保證金，對同時在日本和臺灣經營保險的外國保險公司來說無異二重剝削。[42] 由於外國保險公司是以代理人的形式在臺經營保險業務，主要販售的保險為海上貨物保險，資本均不高，代理外資保險公司的洋行資本約十萬圓上下，代理華資保險公司的華商商號資本則更少。[43] 如此高額的保證金，對在臺外國保險公司來說，是經營上的一大負擔，促使外國保險公司紛紛撤

（東京：一橋大学大学院商学研究科会計・金融專攻博士論文，2008 年）。

38　〈保險業法施行規則〉，《臺灣總督府府報》，1900 年 7 月 29 日，頁 33-41。

39　〈外國保險會社ニ關スル件〉，《臺灣總督府府報》，1900 年 11 月 13 日，頁 13。

40　〈明治三十三年七月府令第五十八號保險業法施行規則改正〉，《臺灣總督府府報》，1900 年 2 月 1 日，頁 1-17；〈明治三十三年十一月府令第百五號外國保險會社ニ關スル件改正〉，《臺灣總督府府報》，1913 年 2 月 1 日，頁 18-20。

41　〈外國保險現狀〉，《臺灣日日新報》（臺北：1913 年 1 月 3 日），版 2；〈外國保險と供託金〉，《臺灣日日新報》，1913 年 5 月 18 日，版 2。

42　〈外國保險供託金問題〉，《臺灣日日新報》，1913 年 11 月 18 日，版 3。

43　臨時臺灣舊慣調查會編，陳金田譯，《臨時臺灣舊慣調查會第一部調查第三回報告書臺灣私法第三卷》（南投：臺灣省文獻委員會，1993 年），頁 362、368-369。

出在臺保險業務。[44]

　　此後，外國保險公司在臺灣的經營已不佔主導地位。1932
年，在臺的外國保險公司僅剩英國的利物浦、倫敦及全球保險
公司（Liverpool & London & Globe Ins. Co.）一家在臺北設置代
理人，經營火災保險業務，代理人也由日治初期的三美路洋行
（Samuel Samuel & Co.）變更為日人池上喜兵衛；其餘 14 家產
物保險公司，除臺、日人合辦的大成火災海上保險株式會社外，
均為總公司設於日本內地的日資產物保險公司。[45] 進入戰爭時期
後，1940 年利物浦、倫敦及全球保險公司亦退出了在臺的保險
經營。[46]

第二節　臺灣第一家保險公司

壹、臺灣與對岸的生豬貿易與保險需求

　　由前述可知，自清末以來在臺的外國保險公司皆以代理人形
式，經營產物保險業務。臺灣商人自清末以來即有經營產物保險
的經驗，1900 年 3 月 9 日臺灣總督府以府令 23 號公布「保險會
社ニ關スル細則」後，便有了臺灣第一家保險公司（總公司在臺
灣的保險公司）──「臺灣家畜保險株式會社」（以下簡稱「臺
灣家畜保險會社」）的設立。

　　1900 年 6 月 16 日，臺灣總督府許可了臺灣家畜保險會社的

44　〈外國保險と本島〉，《臺灣日日新報》，1913 年 1 月 14 日，版 2。
45　千草默仙，《會社銀行商工業者名鑑》（臺北：圖南協會，1932 年），頁 224-225。
46　竹本伊一郎，《臺灣會社年鑑》（昭和 15 年版）（臺北：臺灣經濟研究會，1939
　　年），頁 455；竹本伊一郎，《臺灣會社年鑑》（昭和 16 年版）（臺北：臺灣經濟研
　　究會，1940 年），頁 429。

設立申請。[47] 臺灣家畜保險會社是以大稻埕區長林望周和日人今
泉利興為首，臺、日人共同合資經營的公司。成立時分置總公司
於大稻埕（臺北縣大加蚋堡大稻埕普願街 7 番戶）、分公司於淡
水（臺北縣淡水港烽火街 11 番戶）。[48] 臺灣家畜保險會社受理中
國對岸（主要為浙江、福建兩省）出口到淡水的家畜（大部分
為活體的生豬，在設立計畫之初甚至暫稱為「豚保險公司」）[49] 保
險，但僅承擔家畜在航運過程中因疾病死亡的損失。[50]

　　清末開港通商以來，臺灣的海上保險主要為貨物保險，貨物
保險部分又分為全損（平安保險）和分損（水漬保險）保險，受
理貨物在船隻沉沒或浸水時的貨物損失。1880 年代輪船取代帆
船成為臺灣南北口岸的主要運輸工具後，海上保險漸次普及，故
海上保險多用於由輪船運輸的貨物，而主要由戎克船運輸的豬隻
則無保險，運輸量也不大。1900 年臺灣家畜保險會社的出現，
除了代表此時期臺灣豬隻貿易的興盛，有保險的需求外，也證明
臺灣商人的彈性，臺灣商人在吸收了西方的保險知識後，同日人
合作，配合家畜的商品特性（活體、戎克船運輸），作疾病的承
保。

　　曾品滄的研究指出，臺灣北部在十九世紀末由於開港通商，

---

47 〈會社許可〉，《臺灣日日新報》，1900 年 7 月 1 日，版 5。
48 〈臺灣家畜保險株式會社營業認可申請書進達〉，1900 年 2 月 4 日，收錄於〈臺
　灣家畜保險株式會社營業認可申請書處理〉，《臺灣總督府公文類纂》，第 4665 冊
　第 14 號，1901 年 6 月 1 日；〈商業登記事項屆〉，1900 年 10 月 8 日，收錄於〈臺
　灣家畜保險株式會社書類（元臺北縣）〉，《臺灣總督府公文類纂》，第 9203 冊第 1
　號，1901 年 3 月 15 日。
49 〈豚保險公司の設立計畫〉，《臺灣日日新報》，1900 年 3 月 3 日，版 2。
50 〈臺灣家畜保險株式會社營業認可申請書進達〉，1900 年 2 月 4 日，收錄於〈臺
　灣家畜保險株式會社營業認可申請書處理〉，《臺灣總督府公文類纂》，第 4665 冊
　第 14 號，1901 年 6 月 1 日。

茶葉的輸出促使農家的勞動力投入茶葉種植和生產，使得原本作為農家副業的養豬數量下降；同時臺灣北部在開港通商和建省後，財富的增加和人口的提升，對豬隻的需求亦增加（多用於祭祀，圖 3-1、圖 3-2），促使臺灣北部的商人向中國對岸進口豬隻。[51] 由於豬隻貿易多用帆船運輸，不用課稅，故清末的海關報告書中未見詳細統計。在 1874 年〈淡水海關報告書〉中，有戎克船（中國帆船）載運各種進出口貨物的紀錄，其中在從泉州和興化出口到臺灣基隆的貨物裡，有生豬（pigs）一項的紀錄，但未見數量。[52] 1881 年的〈淡水海關報告書〉，則清楚記載從對岸進口生豬到淡水的數量，該年度共進口 4,000 頭。[53] 另在〈1882-1891 年臺灣淡水海關報告書〉中，海關官員某次對於在滬尾口停泊的 13 艘中國式帆船進行調查，五艘泉州來的帆船中，有一艘的貨品是豬隻，另外三艘從溫州來的帆船則全載有生豬。[54] 從以上的資料顯示，早在 1870、1880 年代，臺灣北部與對岸即有生豬貿易的存在，但數量不多。由於以戎克船運輸的豬隻免稅，且通常是直接從對岸產地附近的小港口載運出口，而非經由溫州、廈門等通商口岸，因而未在當地的海關報告書中出現，

51　曾品滄，〈生豬貿易的形成：十九世紀末期臺灣北部商品經濟的發展（1881-1900）〉，《臺灣史研究》，第 21 卷第 2 期，2014 年，頁 56-60。

52　轉引自濱下武志，《中國近代經濟史研究：清末海關財政と開港場市場圈》（東京：汲古書院，1989 年），頁 244；濱下武志著，高淑娟、孫彬譯，《中國近代經濟史研究——清末海關財政與通商口岸市場圈》（南京：江蘇人民出版社，2006 年），頁 249-250。

53　黃富三、林滿紅、翁佳音等編，《清末臺灣海關歷年資料》（一）（臺北：中央研究院臺灣史研究所籌備處，1997 年），頁 543。

54　〈1882-1891 年臺灣淡水海關報告書〉，臺灣銀行經濟研究室編，《臺灣經濟史（第六集）》（臺北：臺灣銀行經濟研究室，1957 年），頁 103。

圖 3-1、臺灣的豬隻圖

資料來源：牧辰二、井上德彌，《臺灣農業教科書》（臺北：新高堂書店，1919 年），頁 165。

圖 3-2、用於祭祀的豬隻和山羊圖

資料來源：堀川安市，《臺灣哺乳動物圖說》（臺北：臺灣博物學會出版部，1919 年），不著頁碼。

只有淡水等海關官員在調查帆船貿易時才偶然提及。[55]

　　到了 1890 年代，臺灣進口生豬的數量有了明顯擴張，在 1895 年 5 月日本領有臺灣時，尚未掌握完整資料。隔年隨著局勢逐漸安定，該年全臺共進口 42,090 頭。[56] 1897 年臺灣社會秩序大致穩定，以及日本人對各大、小港口的進出口貨品得以確實掌握後，進口額陡然上升為 139,959 頭，[57] 總督府為避免臺灣豬隻疫情蔓延，將生豬的進口限制在淡水、基隆二個港口，並在當地設置檢疫所。[58] 故 1898 年的 103,568 頭進口豬隻便皆是從淡水、基隆二個港口上岸後，再轉運往臺灣各地大小口岸。[59] 直到 1899 年開徵 10% 進口稅後，進口豬隻數量才驟降為 53,548 頭，1900、1901 年降至 37,728 頭和 29,058 頭。1899-1901 年的進口豬隻數量中，除了少數豬隻（580、211、57 頭）從日本沖繩進口外，大部分皆是從對岸中國進口。[60] 1890 年代臺灣從對岸中國進口豬隻數量的增加，可看出臺灣與對岸商業貿易的密切性，1899 年總督府開始徵收進口稅後，豬隻的進口雖有所減少，但根據《臺灣畜產統計》的記載，直到 1906 年止，臺灣每年皆從對岸進口上萬頭生豬，1906 年後，日本內地才逐漸取代對岸，

55　曾品滄，〈生豬貿易的形成：十九世紀末期臺灣北部商品經濟的發展（1881-1900）〉，《臺灣史研究》，第 21 卷第 2 期，2014 年，頁 50。

56　作者不詳，《臺灣形勢概要》（出版地不詳，1902），頁 227-228。

57　加藤尚志，〈臺灣の衛生〉，《臺灣協會會報》，第 10 號，1899 年 1 月 22 日，頁 7。

58　〈淡水及基隆二港ノ外輸入豚禁止二關スル影響取調〉，《總督府公文類纂》，第 189 冊第 5 號，1897 年 5 月 19 日；〈臺灣家畜保險株式會社營業認可申請書〉，1900 年 5 月 2 日，收錄於〈臺灣家畜保險株式會社營業認可申請書處理〉，《臺灣總督府公文類纂》，第 4665 冊第 14 號，1901 年 6 月 1 日。

59　加藤尚志，〈臺灣の衛生〉，《臺灣協會會報》，第 10 號，1899 年 1 月 22 日，頁 7。

60　作者不詳，《臺灣形勢概要》（出版地不詳，1902），頁 227-228。

成為生豬的主要進口地。[61]

表 3-3、1897-1913 年淡水、基隆生豬進口數量表

年度	移入（從日本內地進口）數量	輸入（從國外進口）數量
1897	—	139,959
1898	—	114,669
1899	—	52,968
1900	—	37,477
1901	—	29,001
1902	166	27,831
1903	321	24,917
1904	1,024	14,266
1905	678	11,208
1906	982	12,441
1907	1,136	841
1908	2,954	631
1909	2,144	251
1910	4,113	529
1911	7,058	4
1912	11,914	4
1913	19,856	1

資料來源：臺灣畜產會編，《臺灣畜產統計》（臺北：臺灣畜產會，1941 年），頁 39。

　　有關臺灣此時生豬進口貿易數量的變遷，從上表 3-3 臺灣畜產會的統計可知，在 1890-1900 年代每年均有上萬頭生豬從對岸進口到臺灣（表 3-3）。而豬隻在海運的過程中，常因疾病死亡，使輸入豬隻的商人蒙受損失，有些商人不甘損失，甚至會在船上放置鹽巴，如豬隻於海上死亡，即在船上將其支解，以鹽巴醃

61　臺灣畜產會編，《臺灣畜產統計》（臺北：臺灣畜產會，1941），頁 39。

製，號曰「鹹肉」。[62] 1897 年總督府為防止疫情擴大，將生豬的
進口限制在淡水、基隆二港，更促使清代以來就有豬隻進口的臺
灣北部口岸，成為臺灣豬隻貿易的集散地，規模最大時甚至可達
十萬頭（表 3-3）。1899 年 1 月 10 日《臺灣日日新報》即載：

> 臺北各處，屠場每日宰豚不少，茲就當地所飼畜，以充
> 臺人日食，甚是不敷，唯視泉州、溫州諸口岸，陸續運
> 來，方有可應用。若遲一、二個月不來，則豚肉漸次昂
> 騰故不待言矣。[63]

說明當時臺灣當地飼養的豬隻不足，以致需依賴對岸進口豬隻供
應，如短期供應不足，豬價即會上漲。

　　海上運輸豬隻的一大風險即是疾病，大稻埕商人看見豬隻疾
病保險的商機，以林望周為首，同具有公職背景的日人今泉利興
合作，[64] 於 1900 年 5 月 2 日向臺灣總督府申請設立「臺灣家畜保
險株式會社」，[65] 同年 6 月 16 日獲得設立許可。[66] 從 1900 年的公
司申請書內容可見，公司設立的理由，是由於對岸輸入的豬隻疾
病問題嚴重，造成臺灣豬隻飼養者和輸入者的莫大損失，3 年來
豬隻的價格已漲了 70% 以上。從 1897 年 7 月檢疫所設立到 1899
年 12 月的二年半期間，淡水進口了 144,048 頭生豬，豬隻疾病

---

62 〈檢察斃豚〉，《臺灣日日新報》，1898 年 7 月 23 日，版 5。

63 〈雜事　豚價復起〉，《臺灣日日新報》，1899 年 1 月 10 日，版 3。

64 〈臺北廳屬今泉利興昇級、退官〉，《總督府公文類纂》，第 2470 冊 44 號，1915 年
　　11 月 1 日。

65 〈臺灣家畜保險株式會社營業認可申請書〉，1900 年 5 月 2 日，收錄於〈臺灣家
　　畜保險株式會社營業認可申請書處理〉，《臺灣總督府公文類纂》，第 4665 冊第 14
　　號，1901 年 6 月 1 日。

66 〈會社許可〉，《臺灣日日新報》，1900 年 7 月 1 日，版 5。

保險的經營，可以保障飼養者和輸入者財產。[67] 臺灣家畜保險會社於同年 8 月 1 日開辦保險後，在 8-12 月的五個月間，共承保了 10,667 隻豬、1 頭黃牛、1 頭山羊，可以說主要以豬隻保險為主；10,667 隻進口生豬中，5,663、3,384 隻自浙江溫州府、台州府進口，1,085、188、181、165 隻則分別自福建泉州府、福州府、興化府、福寧府進口，可見兩岸豬隻貿易的連繫。[68] 從《臺灣畜產統計》可知，1900 年一整年淡水、基隆共進口 37,477 隻豬，[69] 臺灣家畜保險會社能在短短五個月間便承攬到 10,667 頭豬隻的疾病保險，可見北臺灣從事豬隻貿易的商人，的確有豬隻保險的需求。

貳、臺日合作的家畜保險株式會社之組成、經營與解散

從前節清代臺灣商人的保險代理經營可知，臺灣自清代開港通商以來，在南北口岸的華商即有擔任洋行買辦、同洋行合作的傳統，進入日治時期，在殖民帝國近代國家法律的帶入下，臺灣商人在成立公司上開始受到法律的規範。王泰升曾就臺灣公司法的歷史源流，提出了在 1923 年〈臺灣民事令〉引進日本內地商法以前，臺灣人無法獨資設立股份有限公司，但早在 1923 年以前，即有臺灣人透過「日臺合資」的方式成立有限責任的股份有

67　〈臺灣家畜保險株式會社營業認可申請書進達〉，1900 年 2 月 4 日，收錄於〈臺灣家畜保險株式會社營業認可申請書處理〉，《臺灣總督府公文類纂》，第 4665 冊第 14 號，1901 年 6 月 1 日。

68　〈臺灣家畜保險株式會社第一期事業報告書〉，1901 年 1 月 20 日，收錄於〈臺灣家畜保險株式會社書類（元臺北縣）〉，《臺灣總督府公文類纂》，第 9203 冊第 1 號，1901 年 3 月 15 日。

69　臺灣畜產會編，《臺灣畜產統計》（臺北：臺灣畜產會，1941 年），頁 39。

限公司。[70] 臺灣家畜保險會社的成立，即是以「日臺合資」的方式，由大稻埕區長林望周和日本人今泉利興聯名，向臺北縣知事村上義雄、總督兒玉源太郎申請許可。[71]

表 3-4、1900 年臺灣家畜保險株式會社股東職務、身分名單一覽表

人名	持股數	金額（日圓）	公司職務	其他身分
林望周	200	2,500	執行董事董事長（專務取締役社長）	商人林右藻長子、大稻埕區長
陳江流	500	6,250	執行董事副董事長（專務取締役副社長）	大稻埕商人
朱樹勳	100	1,250	董事	大稻埕商人、茶商
郭崇山	50	625	董事	臺灣商事舊慣調查囑託
李書	200	2,500	監察人	《臺灣日日新報》漢文欄記者
木下新三郎	200	2,500	監察人	《臺灣日日新報》主筆
今泉利興	75	937.5	經理	臺北縣辦務署主記
陳直卿	200	2,500		大龍峒漢醫
陳源普	100	1,250		大稻埕商人
歐陽長庚	100	1,250		艋舺富豪、保甲局副長
洪韞玉	100	1,250		茶商、匯兌商
南健次郎	75	937.5		臺北縣監獄署通譯、書記（兼任）
林輯堂	50	625		霧峰林家下厝系林文察三子
張敬修	50	625		
總計	2,000	25,000		

資料來源：
1. 〈臺灣家畜保險株式會社第一期事業報告書〉，1901 年 1 月 20 日，收錄於〈臺灣

---

70 王泰升，〈臺灣企業組織法之初探與省思〉，收錄於氏著，《臺灣法律史的建立（二版）》（臺北：元照出版公司，2006 年），頁 281-343。
71 〈臺灣家畜保險株式會社營業認可申請書進達〉，1900 年 2 月 4 日，收錄於〈臺灣家畜保險株式會社營業認可申請書處理〉，《臺灣總督府公文類纂》，第 4665 冊第 14 號，1901 年 6 月 1 日。

家畜保險株式會社書類（元臺北縣）〉，《臺灣總督府公文類纂》，第 9203 冊第 1
號，1901 年 3 月 15 日。

2. 〈臺北廳屬今泉利興昇級、退官〉，《總督府公文類纂》，第 2470 冊 44 號，1915
年 11 月 1 日。

3. 鷹取田一郎，《臺灣列紳傳》（臺北：臺灣總督府，1916 年），頁 4、5、13、18。

4. 岩崎潔治，《臺灣實業家名鑑》（臺北：臺灣雜誌社，1916 年），頁 114、164、
647、651。

5. 〈茶商公會會議〉，《臺灣日日新報》，1903 年 9 月 18 日，版 3。

6. 〈商事舊慣の調查〉，《臺灣日日新報》，1903 年 10 月 6 日，版 2。

7. 〈洪韞玉氏仙逝〉，《臺灣日日新報》，1919 年 2 月 27 日，版 6。

8. 〈本社記者李書氏逝〉，《臺灣日日新報》，1921 年 9 月 19 日，版 4。

9. 〈稻江陳源普氏公弔及出殯〉，《臺灣日日新報》，1927 年 2 月 16 日，版 4。

10.《臺灣總督府職員錄》、《臺灣總督府文官職員錄》、《臺灣總督府及所屬官署職
員錄》（臺北：臺灣日日新報社、臺灣時報社，1898-1944 年），收錄於中央研究
院臺灣史研究所「臺灣總督府職員錄系統」：http://who.ith.sinica.edu.tw/mpView.
action（2017/3/3 點閱）。

　　從上表 3-4 中臺灣家畜保險會社的股東身分和持股可知，公
司的實收資本額 [72] 25,000 圓中，臺人資本有 20,625 圓，佔全部
實收資本額的 82.5%，6 名董監事中有 5 人是臺人，囊括了董事
長為首的 4 位董事職務，可以說是一家臺人主導的保險公司。臺
灣家畜保險會社雖是以臺人資本為主，但日人今泉利興在公司的
成立和經營上，亦扮演重要角色，從其公職背景來看，1900 年
股份有限公司和保險營業的申請許可，可能獲得了他的協助，公
司成立後，今泉利興便擔任負責公司營運的經理（日文稱「支配
人」）。在股東的組成上，臺人資本多為大稻埕商人，日人資本則
多具有公職背景，其次則由《臺灣日日新報》的臺、日人記者各
一名擔任監察人，另值得一提之處，霧峰林家下厝系林文察三子
林輯堂亦有參與投資，這是現存已知有關霧峰林家投資保險公司

72　資本額，係指公司所登記之資本最大值；實收資本額，係指公司實際從股東處募
　　集到的資本。股份有限公司會根據營運的需要進行資本的調整（增資、減資），
　　實收資本額為公司實際可運用的資金。

的最早紀錄（表 3-4）。[73]

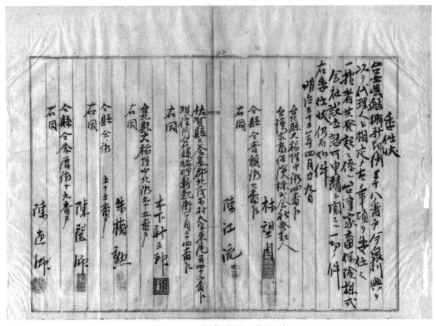

圖 3-3、今泉利興委任狀

資料來源：〈臺灣家畜保險株式會社營業認可申請書處理〉，《臺灣總督府公文類纂》，第 4665 冊第 14 號，1901 年 6 月 1 日。

　　臺灣家畜保險會社在保險費率的訂定上，利用了臺灣總督府檢疫所的統計數據。從 1897 年 7 月檢疫所設立到 1899 年 12 月的二年半期間，淡水進口了 144,048 頭生豬，1,778 頭罹患疾病的豬隻中有 1,460 頭死亡，計算出進口的豬隻中，約有 1% 的疾病死亡率。根據這個 1% 損失率，臺灣家畜保險會社訂定豬隻輸入地時價 80% 的保額上限和 3% 的保險費率，保險費率會依據

73　霧峰林家在清末即有參與臺灣腦務的經營，但在現存的霧峰林家文書中，並未見保險的記載。詳細可參見何鳳嬌、林正慧、吳俊瑩編，《霧峰林家文書集：墾務・腦務・林務》（臺北：國史館，2013 年）。

疾病所造成的豬隻損失情況作調整，最高不超過 5%。由於臺灣家畜保險會社將其所擔保的風險侷限於疾病死亡的損失填補，故可投保主要以戎克船運輸的家畜，如發生船隻沉沒之事故時，則以全額退還已繳納之保險費的方式處理。[74] 目前現存的會社文書中，雖有事業成績的報告書，其中記載有 1900 年 8 月至 12 月發病死亡 47 頭豬隻的紀錄，但缺乏詳細的理賠案例。[75]

　　從現存的臺灣家畜保險株式會社文書可知，要保人如要申請其家畜商品的保險，需載明被保險家畜之名稱、數量、歲數、所在地、保險期間、保險金額和保險費等；其中最值得注意之處，由於臺灣家畜保險會社主要負責對岸進口生豬的保險，故在要保書中除登記要保人的住所和商號外，特別要求註明保險金請求人的住所和商號名稱（圖 3-4），以方便進出口豬隻貿易雙方的保險金請求，上述特點，亦可從臺灣家畜保險株式會社所印製的契約書中看出（圖 3-5）。又參照〈臺灣家畜保險株式會社約款〉的記載，臺灣家畜保險株式會社在公司或代理人接受要保人的申請後，會給予相當之補助，要求要保人在裝載上船前一週，將出口地的生豬依照〈獸疫豫防規則〉予以隔離，並派遣職員前往診察，以確保保險標的的風險，生豬進口至臺灣後，即有官方設置的疫檢所可以配合診察，以作為理賠的依據。[76]

74　〈臺灣家畜保險株式會社營業認可申請書進達〉，1900 年 2 月 4 日，收錄於〈臺灣家畜保險株式會社營業認可申請書處理〉，《臺灣總督府公文類纂》，第 4665 冊第 14 號，1901 年 6 月 1 日。

75　〈臺灣家畜保險株式會社書類（元臺北縣）〉，《臺灣總督府公文類纂》，第 9203 冊第 1 號，1901 年 3 月 15 日。

76　〈臺灣家畜保險株式會社書類（元臺北縣）〉，《臺灣總督府公文類纂》，第 9203 冊第 1 號，1901 年 3 月 15 日。

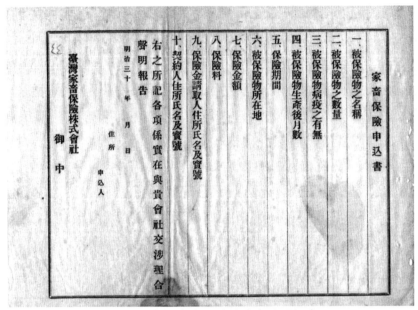

圖 3-4、臺灣家畜保險株式會社要保書

資料來源：〈臺灣家畜保險株式會社書類（元臺北縣）〉，《臺灣總督府公文類纂》，第
9203 冊第 1 號，1901 年 3 月 15 日。

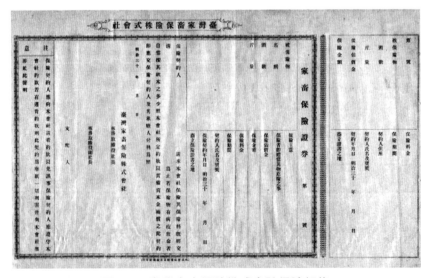

圖 3-5、臺灣家畜保險株式會社保險契約

資料來源：〈臺灣家畜保險株式會社書類（元臺北縣）〉，《臺灣總督府公文類纂》，第
9203 冊第 1 號，1901 年 3 月 15 日。

在資金運用和獲利上，由於保險公司的經營不同於其他企業或工廠須事前購買商品或資本財，而是將其資金一部分留存作準備金用於保險理賠，其餘資金則可用於投資；故截至 1900 年年底，臺灣家畜保險會社 25,000 圓的資本額和 2,395.028 圓的其餘資產，總共 27,395.028 的資金中，17,436.25 圓（其中 17,000 圓有土地擔保）以 18% 的年利率貸款給陳志誠、辜顯榮、黃金吉、陳直卿、聯成號等商人、商號（表 3-5）；其次 8,535.904 圓，則以現金、銀行存款的形式，分別存放於公司和三十四銀行。[77]

表 3-5、1900 年臺灣家畜保險株式會社的貸款人名單一覽表

貸款人名	貸款金額（日圓）	年利率	還款期限	擔保品
陳志誠	5,000	18%	1901 年 2 月 28 日	不動產
辜顯榮	5,000	18%	1901 年 2 月 28 日	不動產
黃金吉	3,000	18%	1901 年 3 月 25 日	不動產
聯成號	4,000	18%	1901 年 3 月 31 日	不動產
陳直卿	400	18%	1901 年 4 月 15 日	無
其餘	36.25	18%	—	無
總計	17,436.25			

資料來源：〈臺灣家畜保險株式會社第一期事業報告書〉，1901 年 1 月 20 日，收錄於〈臺灣家畜保險株式會社書類（元臺北縣）〉，《臺灣總督府公文類纂》，第 9203 冊第 1 號，1901 年 3 月 15 日。

從上表 3-5 中貸款償還期限可知，臺灣家畜保險會社早在 1900 年 2 月 28 日便貸款給陳志誠和辜顯榮各 5,000 圓，共 10,000 圓的資金，但直到 6 月 16 日公司才取得保險經營的許

77 〈臺灣家畜保險株式會社第一期事業報告書〉，1901 年 1 月 20 日，收錄於〈臺灣家畜保險株式會社書類（元臺北縣）〉，《臺灣總督府公文類纂》，第 9203 冊第 1 號，1901 年 3 月 15 日。

可，[78] 並於 8 月 1 日開始販售保險商品。1900 年下半年的五個月中，臺灣家畜保險會社共有 3,183.048 圓的保險費收入，扣除保險理賠和準備金留存後，則有 1,771.928 圓的純利；[79] 而公司一年的放款則可為其帶來 4,931.28504 圓的利息獲利，平均來看明顯較保險經營的獲利來得多、經營也較保險為早，這說明了臺灣家畜保險會社不僅是臺灣商人販賣保險商品的公司，同時也是一間提供商人資金融資的銀行。

　　從臺灣家畜保險會社的保險販售和資金運用可知，其根據疫檢所的統計訂定的保險費率，所收得的保險費足以填補損失，融資的預期獲利還高過保險金的純益，公司的經營可說是十分穩定。臺灣家畜保險會社在 1902 年的 8 月 24 日股東會中便有擴張營運、設置基隆分公司的計畫，[80]1902 年和 1903 年的上半年度公司仍維持給股東每期 20% 的分紅（股東會、分紅半年一期）；[81]均可說明公司的穩定成長。但如此經營順利的公司，卻在 1905 年 2 月 13 日宣告解散，[82] 究其原因主要有二：

　　一、臺灣總督府的政策影響：雖然 1900 年代臺灣的豬隻進口隨著 10% 進口稅的課徵後有所下降，但每年的豬隻進口數量仍有上萬頭，對豬隻保險的經營仍存在一定利基。截至 1905 年，臺灣家畜保險會社每期均有 10% 以上的分紅，[83] 但隨著總督

78　〈會社許可〉，《臺灣日日新報》，1900 年 7 月 1 日，版 5。

79　〈臺灣家畜保險株式會社第一期事業報告書〉，1901 年 1 月 20 日，收錄於〈臺灣家畜保險株式會社書類（元臺北縣）〉，《臺灣總督府公文類纂》，第 9203 冊第 1 號，1901 年 3 月 15 日。

80　〈保險擴張〉，《臺灣日日新報》，1902 年 8 月 29 日，版 4。

81　〈家畜保險會社の利益配當〉，《臺灣日日新報》，1903 年 9 月 26 日，版 2。

82　〈家畜保險會社の解散〉，《臺灣日日新報》，1905 年 2 月 14 日，版 2。

83　從 1900 年下半年度〈臺灣家畜保險株式會社第一期事業報告書〉的收益來看，五個月的保險金純利 1,771.928 圓，推算一年約可從販賣保險商品獲利 4,252.6272

府在臺灣島內推展豬隻養殖產業，使得進口豬隻數量漸漸減少
（1904年進口豬隻由24,917隻驟降至14,266隻，1905年更降至
11,208隻，參照上表3-3），臺灣家畜保險會社的股東們意識到將
來的營運困難，便決意提早解散公司。[84] 在臺灣家畜保險會社解
散後，1909年《臺灣日日新報》的社論提及：

> 本島從對岸輸入豬隻，在領臺初期極為興盛，其多數經
> 由基隆、舊港、後龍、塗葛堀、打狗等各港輸入，其後
> 年一年，之後年年遞減，至今僅經由淡水一港，並僅極
> 少豬隻輸入。……這是因島內養豬業逐漸興盛、豬隻數
> 量增加和課以高額關稅所致，據悉，在這兩三年輸入島
> 內之豬隻將不再見到。[85]

上述社論的內容應可作一印證。在臺灣總督府的政策影響下，臺
灣不再仰賴對岸豬隻進口，這是臺灣家畜保險會社解散的重要原
因之一。

　　二、放款的呆帳問題：除了保險費收入外，臺灣家畜保險會
社的放款利息是另一項重要收入，雖然年利息豐厚且有不動產擔
保，仍有收不回貸款本金的風險。如執掌辜顯榮鹽務的陳志誠[86]

圓，加上一年放款利息4,931.28504圓，公司一年共可獲利9,183.9124圓，再以
投入資本25,000圓計算，約有36.7%的年報酬率，臺灣家畜保險株式會社採半
年一期分紅，故1900年下半年度公司分紅約18.35%。詳細可參照〈臺灣家畜保
險株式會社第一期事業報告書〉，1901年1月20日，收錄於〈臺灣家畜保險株
式會社書類（元臺北縣）〉，《臺灣總督府公文類纂》，第9203冊第1號，1901年
3月15日。

84　〈家畜保險會社の解散〉，《臺灣日日新報》，1905年2月14日，版2。
85　〈豚輸入減退〉，《臺灣日日新報》，1909年2月20日，版3。
86　鷹取田一郎，《臺灣列紳傳》（臺北：臺灣總督府，1916年），頁12。

在 1902 年 11 月 2 日以 35 歲壯年之齡猝逝後，[87] 該筆 5,000 圓借款便成了呆帳。[88] 在 1905 年臺灣家畜保險會社解散後，最大股東、副董事長陳江流擔任公司資產清算人，於 1907 年向辜顯榮提起民事求償，要求其償付該筆呆帳，[89] 官司纏訟多年，1912 年辜顯榮甚至反告陳江流詐欺刑事罪，但檢察官並未起訴，後由著名茶商三好德三郎居中調停方告一段落。[90]

小結

　　自清末開港通商以來，在臺華商一方面擔任洋行買辦，辦理洋行貨物的進出口業務，一方面以自身商號代理華資保險公司的模式，參與產物保險經營。臺灣商人經營產物保險的獲利，除了筆資和手續費外，代理人亦可藉保險費的收取，獲得龐大資金；在獲利同時，臺灣商人亦可將自身貨物投保海上保險以規避風險。故臺灣商人經營產物保險的獲利是多重的，也反映了其商業經營的多元性。

　　而大稻埕臺灣商人和日人共同成立的臺灣家畜保險會社，其自成立到解散不到五年的經營，反映了清末到日治時期臺灣與對岸豬隻貿易發展的延續與轉變，這是臺灣總督府貿易、產業政策下的一個事例，凸顯了海上保險與貿易密切相關的特質。由於豬隻貿易以戎克船運輸，原是臺灣商人的事業，在和日人的合作下，方能成立保險公司，開辦家畜保險業務。在 1880 年代臺

87　〈陳志誠氏の逝去〉，《臺灣日日新報》，1902 年 11 月 11 日，版 2。

88　〈結局如斯〉，《臺灣日日新報》，1905 年 12 月 8 日，版 4。

89　〈法廷の塵〉，《臺灣日日新報》，1907 年 11 月 28 日，版 5。

90　〈家畜會社事件〉，《臺灣日日新報》，1912 年 1 月 10 日，版 5；〈陳江流事件〉，《臺灣日日新報》，1912 年 5 月 25 日，版 7。

灣南北口岸的輪船航運普及後，海上保險的貨物均以輪船運輸為主，而臺灣家畜保險會社限定擔保家畜在航運過程中的疾病死亡損失，使戎克船運輸的家畜亦能投保保險，突破了過去貨物須由輪船運輸方能投保海上保險的限制。清末臺灣商人可以同洋行合作，至日治時期亦可和日人合作，反映了臺灣商人的彈性。在臺華商在產物保險的經營上，和其商業活動一樣，具有極大彈性，隨著時代變遷，臺灣商人亦會利用自身現有資源，調整其保險經營模式，達到商業利益極大化。

在臺灣總督府的關稅和豬隻養殖政策下，臺灣和對岸豬隻貿易的結構有巨大的轉變，終使臺灣家畜保險會社於 1905 年解散。臺灣南北口岸以代理人為主的產物保險經營，亦逐漸由日資保險公司壟斷。在日治初期臺灣總督府航運政策的推展下，日本輪船公司壟斷了臺灣對外輪船航運，自清末開港通商以來的外商洋行和華商的保險代理業務已難以維繫。1913 年臺灣總督府修改保險法令後，外國保險公司在臺的代理人，在龐大保證金的壓力下被迫結束保險代理業務。自此，臺灣產物保險業便由日資保險公司所壟斷。

外資保險公司和華資保險公司雖然撤出了在臺代理業務，但原來同洋行合作或代理華資保險公司的臺灣商人已具有經營保險的經驗。從 1900 年臺灣家畜保險會社的設立中，我們看見了臺人和日人共同設立保險公司的可能性。隨後在 1920 年成立的臺灣第一家完整辦理火災、海上保險的公司——「大成火災海上保險株式會社」（簡稱「大成火災」）中，我們仍能看到日、臺人合作的現象，此將在下章詳述。

表 3-1、日治初期（1904 年前後）在臺華資、外資、日資保險公司代理人一覽表

資本性質	保險公司名	公司地址	代理人及其代表者	代理人地址	業務種類	說明
華資保險公司	普安保險公司	香港	*許潤潭	臺北大稻埕六館街十五番戶	海上保險	板橋林家謙裕行行主事、後改任副主事；臺灣銀行買辦。
			賓益號 郭炭水	臺南南勢街		
	安泰保險公司	香港	*許潤潭	臺北大稻埕六館街四十八番戶	海上保險	板橋林家謙裕行行主事、後改任副主事；臺灣銀行買辦。
	萬安保險公司	香港	大和洋行 辜顯榮	臺北大稻埕六館街五十一番戶	海上保險	店東黃爾仰
			*聯成號 侯紫東	臺南北勢街		
			東益號 侯紫東	臺北大稻埕六館街		外資代理
			瑞記洋行			
	恆安保險公司	香港	*義合號 李鳶飛	臺北大稻埕李厝匯街二十八番戶	海上保險	
	宜安保險公司	香港	*林冠英	臺北大稻埕南街三十九番戶	海上保險	
	濟安保險公司	香港	德昌號 謝遵方	臺南	海上保險	店東王雪農
			瑞記洋行	臺北		
	福安保險兼貨倉公司	香港	德昌號 謝遵方	臺南	海上、火災保險	店東王雪農
	協安洋面火燭保險匯兌附揭公司	香港	德昌號 謝遵方	臺南	海上、火災保險、匯兌	店東王雪農
	乾元保險公司	香港	德記號 方慶佐	臺南	海上保險	
	義安保險公司	香港	德記號 方慶佐	臺南	海上保險	
	仁安保險公司	香港	成記號 汪瑞文	臺南	海上保險	

資本性質	保險公司名	公司地址	代理人及其代表者	代理人地址	業務種類	說明
外資保險公司	諫當保險公司（Canton Ins. Office）	香港	怡和洋行 怡記洋行	臺北大稻埕港邊後街二番戶 臺南、打狗	海上保險	
	香港火燭保險公司（HongKong Fire Ins. Co.）	香港	怡和洋行 怡記洋行	臺北大稻埕港邊後街二番戶 臺南	火災保險	
	同盟保險公司（Alliance Ins. Co.）	香港	怡和洋行 三美路洋行（Samuel Samuel & Co.） 怡記洋行	臺北大稻埕港邊後街二番戶 臺北 安平、打狗	火災保險	
	東洋保險公司（Fastem Ins. Co.）	香港	怡和洋行	臺北大稻埕港邊後街二番戶	火災保險	
	倫敦及蘭開夏火災保險公司（London and Lancashire Fire Ins. Co.）	倫敦	怡和洋行	臺北大稻埕港邊後街二番戶	火災保險	
	北中國保險公司（North China Ins. Co.）	上海	德記洋行	臺北大稻埕千秋街、安平、打狗	海上保險	
	海峽海上保險公司（Strait Marine Ins. Co.）	新嘉坡	德記洋行	臺北大稻埕千秋街、安平、打狗	海上保險	1903年保險公司倒閉。
	爪哇海上火災保險公司（Jawa Sea & Fire Ins. Co.）	雅加達	德記洋行	臺北大稻埕千秋街、安平、打狗	海上、火災保險	
	南洋英國火災海上保險公司（South British Fire & Marine Ins. Co.）	奧克蘭（紐西蘭）	德記洋行 *嘉士洋行	臺北大稻埕千秋街、安平、打狗 臺北大稻埕建昌後街二十一番戶	海上、火災保險	
	英國及外國海上保險公司（British & Foreign Marine Ins. Co.）	利物浦	怡記洋行	安平、打狗	海上保險	

資本性質	保險公司名	公司地址	代理人及其代表者	代理人地址	業務種類	說明
	於仁洋面保險公司（Union Ins. Co.）	香港	德記洋行 / *嘉士洋行	安平 / 臺北大稻埕建昌後街	海上保險	
	利物浦、倫敦及全球保險公司（Liverpool & London & Globe Ins. Co.）	倫敦	三美路洋行（Samuel Samuel & Co.）	臺北	海上、火災保險	
	Law Union & Crown Ins. Co.	倫敦	三美路洋行（Samuel Samuel & Co.）	臺北	海上、火災保險	
	倫敦山暉火災保險公司（Sun Fire Ins. Co.）	倫敦	三美路洋行（Samuel Samuel & Co.）	臺北	火災保險	
	揚子保險公司（Yangtze Insurace Association Co.）	上海	*嘉士洋行	臺北大稻埕建昌後街一番戶、安平、打狗	海上保險	
	商事共同保險公司（Commercial Union Ins. Co.）	倫敦	*嘉士洋行	臺北大稻埕建昌後街	海上保險	
	倫敦地方及海上一般保險公司（The London & provincial Marine & Gen Ins. Co.）	倫敦	*海門洋行 / 怡記洋行	臺北大稻埕港邊後街四十五番戶 / 安平、打狗	海上保險	
	海上保險公司（The Marine Ins. Co.）	倫敦	*海門洋行	臺北大稻埕港邊後街四十五番戶	海上保險	
	中國貿易商保險公司（China Traders' Ins. Co.）	香港	和記、怡記洋行 / *嘉士洋行	臺北大稻埕千秋街十二番記、安平、打狗 / 臺北大稻埕建昌後街	海上保險	
	中國火災保險公司（China Fire Ins. Co.）	香港	*嘉士洋行 / 陳記洋行	安平、打狗	火災保險	

資本性質	保險公司名	公司地址	代理人及其代表者	代理人地址	業務種類	說明
	The Manchester Fire Ins. Co.	曼徹斯特	＊海門洋行	臺北大稻埕港邊後街四十五番戶	火災保險	
	帝國保險公司（The Imperial Ins. Co.）	倫敦	＊海門洋行	臺北大稻埕港邊後街四十五番戶	火災保險	
			＊水陸洋行	臺北大稻埕建昌後街二十一番戶		
日資保險公司			＊田村實	臺北大稻埕港邊街四番戶		
	明治火災保險株式會社	東京	合資會社商船組	臺北停車場、基隆停車車場	火災保險	
			三井物產會社支店 藤原銀次郎	臺北港邊後街四番戶、臺南頂打石街十番戶		
			三井物產會社支店 藤原銀次郎	臺北港邊後街四番戶、臺南頂打石街十番戶		
	東京海上保險株式會社	東京	合資會社商船組	臺北、基隆	海上保險	
			大阪商船株式會社出張所	基隆、淡水、安平、打狗		
	帝國海上保險株式會社	東京	＊三戶德介	臺北大稻埕六館街一丁目十七番戶	海上保險	
			後藤回漕店支店 川合良男	臺北、基隆、打狗、臺南、臺中、塗葛堀		
			怡記洋行	安平、打狗		外資代理
	日本海上運送保險株式會社	大阪	後藤回漕店支店 川合良男	臺北、基隆、打狗、臺南、臺中、塗葛堀	海上保險	
			＊賀田組 賀田金三郎	臺北西門街		

資本性質	保險公司名	公司地址	代理人及其代表者	代理人地址	業務種類	說明
	東京火災保險株式會社	東京	大倉組出張所 柵瀨軍之佐	臺北府中街三丁目四十二番戶	火災保險	
	日本火災保險株式會社	大阪	臺灣貯蓄銀行 荒井泰治	臺北文武街一丁目十六番地、臺南儲蓄銀行內	火災保險	
	日本海陸保險株式會社	大阪	*遠田覓	臺北北門街二丁目三十番戶	海上保險	
			ブトル商會 北村安之助	臺南		
			*阿部兒太郎	臺北大稻埕建昌街一丁目四十五番戶		
	大阪保險株式會社	大阪	*瀨崎真一	臺北西門街二丁目二十八番戶	火災保險	
	東京物品火災保險株式會社	東京	*柳田壯	臺北北門街一丁目十番戶	火災保險	

* 表示 1904 年時已停業或取消保險代理業務。

資料來源：
1. 臨時臺灣舊慣調查會編，《臨時臺灣舊慣調查會第二部調查經濟資料報告》，下卷（東京：三秀舍，1905 年），頁 648-655。
2. 馮邦彥、饒美蛟，《厚生利群：香港保險史（1841-2008）》(香港：三聯書店，2008 年)，頁 26、41、60、62。
3. 上海金融志編纂委員會編，《上海金融志》（上海：上海社會科學院，2003 年），頁 227-228、270-274。
4. 臺南新報社編，《南部臺灣紳士錄》（臺南：臺南新報社，1907 年），頁 56、58、65。
5. 鷹取田一郎，《臺灣列紳傳》（臺北：臺灣總督府，1916 年），頁 309。
6. 小初綻太郎，《臺南事情》（臺北：成文出版社，1900 年原刊，1985 年復刊），頁 309。
7. 李種玉，〈李爲飛乾詞〉，《臺灣日日新報》夕刊，1936 年 1 月 23 日，版 4。
8. 〈謙裕更張〉，《臺灣日日新報》，1899 年 7 月 28 日，版 4。
9. 〈臺灣銀行の員辨〉，《臺灣日日新報》，1899 年 9 月 9 日，版 2。
10. 〈行主渡臺〉，《臺灣日日新報》，1899 年 8 月 6 日，版 4。
11. 〈臺北縣殖產調查書類〉，《臺灣總督府公文類纂》，第 36 冊第 24 號，1896 年 11 月 22 日。

第四章

產物保險公司內部的商人競合：
以大成火災海上保險株式會社為中心

　　前章敘述清末至日治初期臺灣的產物保險業發展，可知在南北口岸的臺灣商人，透過擔任洋行買辦和代理華資保險公司的方式參與產物保險經營。由於臺灣商人自清末以來的保險代理經驗，1900年便成立了第一家在臺保險公司——「臺灣家畜保險株式會社」，但臺灣家畜保險會社僅負責對岸家畜（主要為豬隻）在船隻運送過程中的疾病保險，其他貨物的海上和火災保險，仍舊是以清末以來的保險代理業務為主。

　　然而，在臺灣總督府的政策下，不僅臺灣海上保險業務逐漸為日資保險公司所壟斷，對岸豬隻貿易結構的轉變更使臺灣家畜保險會社於1905年解散。直到1920年「大成火災海上保險株式會社」（資本額500萬，實收資本額125萬）成立後，臺灣才有了足以和日本內地保險公司抗衡的產物保險公司。

　　1920年成立的大成火災具有怎麼樣的歷史意義？在臺灣保險史研究上，曾耀鋒利用大成火災的事業報告書、社史資料、創辦人益子逞輔[1]的自述傳記《一個平凡人的人生（ある平凡人の

1　益子逞輔（1885-1979），又名天頓，筆名益子生、天頓生，茨城縣人，大正南進期的金融人才、臺灣產物保險史上的重要人物。自幼出身貧寒，17歲徒步上京，求教於嘉納治五郎的私塾門下，苦讀進入早稻田大學就讀。1908年早稻田大學政治經濟科畢業後從軍。1911年來到臺灣，擔任臺灣日日新報社記者，與大野恭平、佐藤四郎並稱為臺灣新聞界的「三羽烏」。在臺期間考察臺灣金融、經

人生）》，呈現大成火災在日治時期的整體營運狀況，並說明了
公司自成立之來的股東組成和日、臺人的合作。[2] 從社史資料來
看，研究大成火災，絕不能忽視長期擔任公司常務董事的日人益
子逞輔，但單方面的人物口述，亦會有流於片面的問題；曾耀鋒
利用益子逞輔的自述傳記，說明了益子逞輔的臺人好友李延禧[3]
的重要性，但以林熊光[4]（第二任董事長）為首的板橋林家在公

　　　濟，並參與臺、日人合辦的「大正協會」。1912-1913 年受臺灣銀行委託，兩度赴
　　　對岸中國華南、華中地區考察；在實業界前輩赤司初太郎的資助下，1916-1917
　　　年赴歐美遊歷，歸臺後升任臺灣日日新報社編輯長；1918 年辭職投入實業界，
　　　協助籌辦華南銀行，因故中途退出後，隔年發起籌組大成火災海上保險株式會
　　　社，長期擔任公司常務董事一職。益子逞輔是荒井泰治（1861-1927，臺灣日日
　　　新報社記者、臺灣商工銀行頭取）之後，臺灣新聞記者投身金融界的代表人物。
　　　參見人物評論社編，《財界闘將伝：次代に生る者》（東京：人物評論社，1938
　　　年），頁 35-37；羽生國彥，《臺灣の交通を語る》（臺北：臺灣交通問題調查研究
　　　會，1937 年），頁 500；橋本白水，〈努力の人　益子逞輔君〉，《臺灣統治と其功
　　　勞者》（臺北：南國出版協會，1930 年），頁 62；興南新聞社編，《臺灣人士鑑》
　　　（臺北：興南新聞社，1943 年），頁 365。

2　曾耀鋒，〈日本統治時代の台湾における大成火災の事業展開〉，《日本台湾学会
　　会報》，第 15 号，2013 年，頁 69-82。

3　李延禧（1883-1959），李景盛次子，李春生孫。李延禧為臺灣最早的留日、留美
　　學生。1896 年同祖父李春生東遊日本，即留日就讀明治學院，1905 年赴美就讀
　　紐約大學，1910 年取得商科學士，同年入學哥倫比亞大學經濟學研究所，1911
　　年即歸臺。回臺後，1915 年協助父親李景盛成立新高銀行，擔任常務董事，1922
　　年李景盛過世後，改任頭取，1923 年新高銀行和臺灣商工銀行合併，任 1 年副
　　頭取。期間擔任臺灣總督府評議員、大成火災董事、常駐監察人等職，1924 年
　　祖父李春生過世後，遷居東京。參見〈履歷書〉，《大正十四年度酒類賣捌人指
　　定關係、酒類賣捌人指定申請書》，《臺灣總督府專賣局公文類纂》，1925 年 6
　　月，中央研究院臺史所檔案館藏，識別號：TMB_13_06_019；陳俊宏，〈「台灣史
　　話」：李春生、李延禧與第一銀行〉，《臺北文獻》，直字第 134 期，2000 年，頁
　　203-229。

4　林熊光（1897-1971），字朗庵，板橋林家「益記」林爾康三子，林熊徵、林熊祥
　　之弟。生於廈門鼓浪嶼。從小即被送往日本學習院就讀，學習院高等科畢業後就
　　讀東京帝大，1923 年取得經濟部商業科學士，隨即返臺投入實業界，創立朝日
　　興業株式會社，擔任董事長。1920 年大成火災成立，初任監察人，1925 年改任
　　常務董事，1933 年被推為董事長。參見臺灣新民報社調查部，《臺灣人士鑑》（臺

司中的參與並未被凸顯出來，仍須進一步研究說明。

　　在臺灣家族史研究上，許雪姬曾在板橋林家和霧峰林家的家族產業研究中，利用林獻堂在《灌園先生日記》中的紀錄，提及了林熊光與益子逞輔的衝突。但由於大成火災僅是研究者所提及的眾多家族產業之一，並非主要研究對象，故未針對若干事件的後續發展進行說明，如有關益子逞輔將總公司移轉至東京和1943 年底和日新火災合併的公司計畫，[5]實際僅止於董監事間的討論，如參照社史等相關資料來看，最後均未發生；且大成火災亦未名存實亡，從事業報告書來看，進入戰爭時期後，大成火災的經營成績有了驚人成長（章末表 4-6）。林獻堂作為大成火災的創社董事，又是林熊光的好友，從其日記紀錄中，的確提供了一位臺人董事角度的參與面向，但在董監事間的種種交往細節，必須再透過其他資料補足方可呈現全貌。

　　在臺灣經濟史研究上，涂照彥在其著作《日本帝國主義下的臺灣》中，曾利用各公司年度營業報告書的數據資料，舉出1920-1929 年總督府和臺灣銀行指導下、以臺人資本為主成立的7 家公司，除了大成火災外，其餘均有虧損，說明臺人資本發展的界限。[6]涂照彥的研究，的確提供了往後研究者對日治時期臺灣經濟發展的整體輪廓，但作為其研究例外的大成火災，是否呈現了不同於其他臺人資本產業的特殊性？或許從大成火災營

北：臺灣新民報社，1934 年），頁 230；〈林熊光傳略〉，王國璠編，《板橋林本源家傳》（臺北：林本源祭祀公業，1984 年），頁 89-92。

5　許雪姬，〈話說板橋林家──林本源家的歷史〉，《國史研究通訊》，第 2 期，2012年，頁 14；許雪姬，〈日治時期霧峰林家的產業經營初探〉，收錄於黃富三等編，《臺灣商業傳統國際學術研討會論文集》（臺北：中央研究院臺灣史研究所籌備處，1999 年），頁 334-335。

6　涂照彥著，李明峻譯，《日本帝國主義下的臺灣》（臺北：人間出版社，1991年），頁 423-426。

業的成功上，能一定程度地證明在殖民地臺灣以臺人資本為主的
公司，並不一定完全受限於臺灣總督府的政策和從屬於日本資
本；[7]且臺人資本與日人資本的關係，在曾耀鋒的研究看來，亦
並非完全是民族性的對立與從屬關係。

　　實際上，大成火災的事業經營橫跨臺灣和日本內地，但營業
報告書的事業成績卻是合併計算，涂照彥和曾耀鋒的研究中均未
加以區分大成火災在兩地經營的差異性，這個差異性其實同時影
響了公司內部的經營與人事。參考黃紹恆對日治初期在臺日人資
本的研究來看，[8] 1920 年成立的大成火災其實屬於在臺日人資本
（益子逞輔、赤司初太郎）和臺人資本合作成立的公司（日本內
地財閥僅有大倉財閥門野重九郎持有 500 股，表 4-1）。而在董監
事間的往來和公司事務上，雖有許雪姬就《灌園先生日記》進行
說明，[9]但由於不是其研究的主旨，許多空白仍待補足。

　　故本章希望在前述資料和研究基礎上，再利用當時日本和臺
灣方面的報紙、官報、商工統計、民間職員錄、保險研究書籍、
人物志、日記、戰後官方檔案和口述歷史等資料，說明在「大正
南進期」和「內臺融合」的背景下成立的大成火災，公司內部的
臺、日商人們是如何地競爭與合作（簡稱「競合」）？以修正過

7　在黃紹恆的研究中，進一步將日人資本依據地域性質進行劃分，區分為日本內地
　　財閥資本和在臺日人資本。在臺日人資本，指的是來到臺灣後形成的日人資本，
　　如赤司初太郎、後宮信太郎，皆是著名的在臺日資代表。黃紹恆，〈日治初期在
　　台日資的生成與積累〉，《臺灣社會研究》，第 32 期，1992 年，頁 165-214。

8　黃紹恆，〈日治初期在台日資的生成與積累〉，《臺灣社會研究》，第 32 期，1992
　　年，頁 165-214。

9　許雪姬，〈話說板橋林家——林本源家的歷史〉，《國史研究通訊》，第 2 期，2012
　　年，頁 14；許雪姬，〈日治時期霧峰林家的產業經營初探〉，收錄於黃富三等編，
　　《臺灣商業傳統國際學術研討會論文集》（臺北：中央研究院臺灣史研究所籌備
　　處，1999 年），頁 334-335。

往研究者的既定觀點（如臺人資本從屬於日本資本的觀點）。在公司內部臺、日人經營者的關係上，大成火災向日本內地經營產物保險獲利，或可說明日治時期臺人資本同在臺日人資本合作的成果，而其間的臺、日人衝突，若從益子逞輔和板橋林家的恩恩怨怨來看，其原因並非僅是民族性的對立，更是在雙方個性和公司經營理念上的不合所造成的。

第一節　1920 年大成火災海上保險株式會社成立的背景

壹、大正南進期的臺灣新企業

明治時代的日本即有以臺灣為中繼向對岸華南、香港等地延伸的企圖，隨著第一次世界大戰日本的產業勃興，使日本國內生產急速擴大，並將勢力伸入南洋地區，奠定了日本的「大正南進期」。配合日本的南進步調，臺灣亦進入了「大正南進期」的時代。在臺灣總督安東貞美、明石元二郎和民政長官內田嘉吉、下村宏、臺灣銀行頭取 [10] 柳生一義等人的推動下，鼓勵以「內臺融合」（臺人資本為主、日人指導）的方式，糾集臺、日人共同設立公司，向南支、南洋發展，如 1919 年華南銀行、1920 年南洋倉庫株式會社皆是此時期政策下促成的公司。[11]

10　頭取（とうどり），為社長（董事長）之意，頭取一職多用在銀行業，與一般會社社長役職相當。

11　與明治時期相比，大正時期的臺灣總督府更重視南洋的經營，不僅增開南洋的命令航線，亦組織臺人、華僑資本成立銀行、公司，企圖以金融、經濟力量滲透當地；大正南進期的政策雖因第一次世界大戰戰後的不景氣而中挫，臺人企業亦面臨虧損，但期間的南洋研究與人才培育成果，也奠定了日本在昭和時期向南洋侵略的利基。參見中村孝志著，李玉珍、卞鳳奎譯，〈大正南進期與臺灣〉，《臺北文獻》，直字第 132 期，2000 年，頁 195-263。

圖 4-1、新高銀行時期的李延禧（攝於 1915 年前後）

資料來源：第一銀行慶祝創立七十週年籌備委員會編，《第一銀行七十年》（臺北：臺灣第一商業銀行，1970 年），頁 40。

大成火災亦是臺灣在大正南進期的新興公司，1920 年大成火災的成立，獲得了臺灣總督府、臺灣銀行支持，呈現「內臺融合」的特色。就益子逞輔的自傳《一個平凡人的人生》所記，大成火災在設立之初，獲得日、臺人方面的大力支持，日人方面，有在臺實業前輩赤司初太郎、民政長官下村宏、日本內地大倉財閥副頭取門野重九郎和前外務省官員小池張造的支持，當時臺灣銀行頭取柳生一義也大力促成，並派遣臺灣銀行董事兼新高銀行常務董事的小倉文吉協助籌劃；臺人方面，益子逞輔與李春生家族的第三代李延禧合作，並在李延禧的協助下，大成火災幾乎囊括了當時臺灣第一流的人士（圖 4-4），連大成火災的建築，也是由李延禧提供的。[12]

　　大成火災配合臺灣總督府向南方進出的目標，原是期望網羅臺灣、日本、中國和南洋各地的資本家，以臺灣為中心，企圖在「內臺融合」和南支南洋的事業上有所貢獻。[13] 在公司名稱的選定上，「臺灣」、「南日本」、「新日本」、「蓬萊」、「高砂」等均

12　益子逞輔著，李泰然譯，《一個平凡人的人生（ある平凡人の人生）》（未刊稿），頁 1-5。

13　大成火災海上保險株式會社編，《五十年の步み：大成火災略史》（東京：大成火災海上保險株式會社，1970 年），頁 1、6；大成火災海上保險株式會社編，《大成火災海上保險　四十年の步み》（東京：大成火災海上保險株式會社，1990 年），頁 8。

圖 4-2、大成火災海上保險
株式會社創辦人李延禧（左）
與益子逞輔（右）
資料來源：李泰然先生、李瑲瑲
女士、李一民先生提供。

圖 4-3、大成火災海上保險株
式會社創辦人益子逞輔
資料來源：大成火災海上保險株
式會社編，《五十年の步み：大成
火災略史》（東京：大成火災海上
保險株式會社，1970 年），頁 6。

有人提出，但這些名稱都偏向某一地域，發起人們認為公司名稱的第一要件應為各民族間所普遍理解，不應偏向某一地域，故最終選定「大成」。「大成」之名，語出《孟子》的「集大成」。[14]

1920 年 4 月 1 日大成火災雖已獲得臺灣總督府經營火災保險和海上保險的事業許可，[15] 但在 1941 年以前，大成火災並無經營與貿易密切相關的海上保險，僅販售火災保險，這說明此時期臺灣的海上保險已由日本內地財閥所壟斷，臺人資本和在臺日人合作的大成火災難以打入海上保險市場。在海上保險由日本財閥壟斷的結構下，實際上阻礙了大成火災向南方進出的目標。即使如此，大成火災的創辦者們仍願意成立一家資本額 500 萬的公司，他們究竟看見了什麼新的機會？這便要從第一次世界大戰的產業勃興下，日本和臺灣的產物保險市場變遷說起。

14　大成火災海上保險株式會社編，《五十年の步み：大成火災略史》（東京：大成火災海上保險株式會社，1970 年），頁 12。
15　大成火災海上保險株式會社編，「第一～二十五回事業報告書」（大正 9 年～昭和 19 年），「企業史料統合データベース」：https://j-dac.jp/bao（2017/3/3 點閱），企業 ID：2929601。

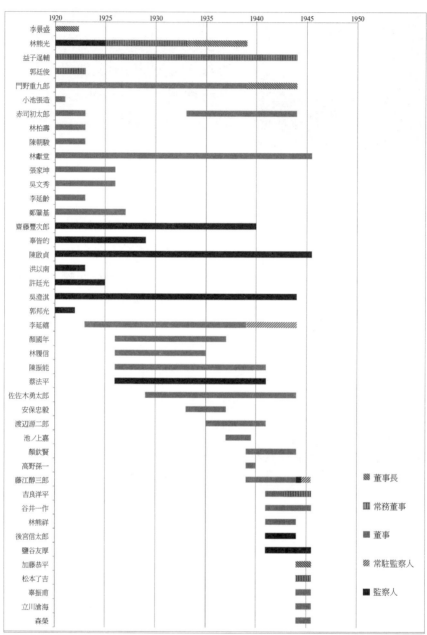

圖 4-4、1920-1945 年大成火災海上保險株式會社董監事任期甘特圖

資料來源：
1. 大成火災海上保險株式會社編，「第一～二十五回事業報告書」（大正9年～昭和19年），「企業史料統合データベース」：https://j-dac.jp/bao（2017/3/3點閱），企業ID：2929601。
2. 林獻堂著，許雪姬編，《灌園先生日記》，第16冊（臺北：中央研究院臺灣史研究所，2008年），1944年9月30日。
3. 〈商業登記〉，《臺灣總督府官報》，1944年12月14日，臺灣新報社，頁10。
4. 〈小池張造氏〉，《臺灣日日新報》，1921年2月27日，版2。
5. 〈本島財界失一重鎮〉，《臺灣日日新報》，1922年6月27日，版6。
6. 〈陳朝駿氏物故〉，《臺灣日日新報》，1923年7月14日，版6。
7. 〈辜皆的氏逝去〉，《臺灣日日新報》，1929年3月13日，版2。
8. 〈前辯護士會長安保氏逝去　東京にて心臟痲痺て〉，《臺灣日日新報》，夕刊，1937年1月20日，版2。
9. 〈斎藤豊次郎氏が死去〉，《朝日新聞》，1938年12月28日，版11。
10.〈赤司初太郎氏〉，《臺灣日日新報》，1944年2月14日，版2。

表4-1、1920-1943年大成火災海上保險株式會社董監事及其關係股東持股變遷表

人名＼股數*	年度						說明
	1920	1923	1925	1929	1941	1943	
林景仁	3,000	3,295	0	0	0	0	板橋林家二房林爾嘉長子
林柏壽	3,000	3,000	3,000	4,500	3,500	3,500	板橋林家二房林維源四子
郭廷俊	2,100	3,354	3,298	0	34	34	板橋林家二房總管事
林鶴壽	2,000	2,800	0	0	0	0	板橋林家三房林維德次子
林熊祥	2,000	2,000	2,000	2,000	2,200	2,205	板橋林家大房林爾昌次子
林熊光	1,700	1,500	9,107	17,333	200	0	板橋林家大房林爾昌三子
林爾嘉	1,000	1,000	0	0	0	0	板橋林家二房林維源次子
林祖壽	1,000	1,000	1,000	1,000	1,000	1,000	板橋林家二房林維源三子
郭邦光	1,000	1,000	300	300	100	0	板橋林家大房管事、茶商
郭邦彥	1,000	1,000	0	0	0	0	郭邦光弟
許丙	500	100	100	0	0	0	板橋林家大房總管事
林鼎禮	0	0	3,600	100	0	0	板橋林家二房林爾嘉三子
林履信	0	0	400	400	0	0	板橋林家二房林爾嘉五子
陳振能	0	0	500	500	100	100	板橋林家大房林熊光管事
蔡法平	300	800	3,403	2,413	500	500	板橋林家外孫
蔡啓恆	0	0	0	6,000	0	0	蔡法平長子
蔡欽媄	0	0	0	3,000	0	0	住所臺北
陳朝駿	2,500	2,500	300	300	0	0	新高銀行董事、茶商

股數 *\人名	年度						說明
	1920	1923	1925	1929	1941	1943	
顏雲年	2,000	2,704	0	0	0	0	基隆顏家家長
顏國年	0	0	2,704	3,154	0	0	基隆顏家顏雲年弟
顏欽賢	0	0	0	0	2,760	2,760	基隆顏家顏雲年長子
吳文秀	2,000	2,000	2,000	0	0	0	茶商
辜顯榮	1,900	2,400	2,400	2,400	0	0	鹿港辜家家長
辜皆的	1,000	1,000	200	200	0	0	鹿港辜家辜顯榮次子
辜振甫	0	0	0	0	55	1,000	鹿港辜家辜顯榮五子
陳天來	1,500	1,150	1,150	1,150	0	0	茶商
李延禧	1,000	2,698	300	300	200	100	大稻埕李家大房李景盛次子
李延彬	300	0	4,174	3,155	2,555	2,355	大稻埕李家大房李景盛五子
李延齡	1,500	4,255	700	700	0	0	大稻埕李家大房李景盛長子
李景盛	4,098	1,000	0	0	0	0	大稻埕李家大房家長
洪以南	1,500	1,390	0	0	0	0	臺北廳參事、淡水區長
張家坤	1,000	1,000	1,000	1,000	0	0	新高銀行董事
吳澄淇	1,000	1,000	1,000	1,000	300	300	茶商、米穀商
李萬居	1,000	100	0	0	0	0	茶商、水返腳區長
鄭肇基	3,000	3,000	3,295	0	0	0	新竹鄭家家長
簡阿牛	2,000	2,000	0	0	0	0	大溪富商、製腦業
林獻堂	500	500	500	250	950	950	霧峰林家頂厝系家長
陳鴻鳴	1,660	0	0	0	0	0	臺南廳善化里東區長、糖商
張壽彭	1,000	0	0	0	0	0	臺南勸業信託株式會社董事長
劉治	1,000	0	0	0	0	0	住所臺南
許廷光	520	520	60	60	10	10	臺南東區長
陳中和	1,000	1,000	1,000	1,000	0	0	高雄陳家家長
陳啟峰	200	200	200	200	1,200	200	高雄陳家陳中和四子
陳啟貞	200	200	200	200	200	200	高雄陳家陳中和長子
益子逞輔	1,000	1,255	3,729	3,729	1,012	1,012	臺灣日日新報記者
益子千代	0	1,600	1,600	1,600	0	0	益子逞輔妻子
赤司初太郎	1,000	1,000	1,000	1,000	6,050	6,050	製腦、製糖、製酒、礦業等
齋藤豐次郎	500	500	500	300	0	0	建物會社常務董事兼經理
小倉文吉	500	0	0	0	0	0	新高銀行常務董事
小池張造	500	0	0	0	0	0	外務省政務局長
門野重九郎	500	500	500	500	10,500	500	大倉財閥大倉組副總裁
門野理世子	0	0	0	750	750	750	門野重九郎妻子

人名＼股數*	年度						說明
	1920	1923	1925	1929	1941	1943	
大倉喜七郎	0	0	0	0	0	10,000	大倉財閥大倉組總裁
中村準策	0	1,700	3,700	5,742	5,742	5,742	太平洋海上火災保險會社董事長
荒井泰治	0	0	3,403	0	0	0	臺灣商工銀行總裁
古賀三千人	0	0	0	3,102	0	0	臺灣商工銀行總裁
堀內泰吉	0	0	0	0	19,900	19,900	東明火災海上保險會社董事
龜山俊藏	0	0	0	0	10,925	11,025	三菱海上火災保險會社董事長
藤江醇三郎	0	0	0	0	700	300	大倉土木會社臺灣辦事處處長
吉良洋平	0	0	0	0	200	200	東京海上保險會社火災部副部長
谷井一作	0	0	0	0	100	100	東京海上保險會社常務董事
鹽谷友厚	0	0	0	0	100	100	東京海上保險會社火災部長
後宮信太郎	0	0	0	0	100	100	臺灣煉瓦會社董事長

* 1股面額 50 圓，實收 12.5 圓。共發行 10 萬股，登記資本額 500 萬，實收資本額 125 萬。

資料來源：

1. 大成火災海上保險株式會社編，《大成火災三十年史》（東京：大成火災海上保險株式會社，1950 年），頁 39-44。
2. 大成火災海上保險株式會社編，「株主氏名表」（大正 12 年、昭和 4、18 年版），「企業史料統合データベース」：https://j-dac.jp/bao（2017/3/3 點閱），企業 ID：2929601。
3. 大成火災海上保險株式會社編，「株主氏名表」（大正 14 年、昭和 16 年版），「大成火災海上保險株式會社所寄之信函（1925-1941）」，中央研究院臺史所檔案館藏，識別號：DS02_03_007。
4. 大成火災海上保險株式會社編，《五十年の步み：大成火災略史》（東京：大成火災海上保險株式會社，1970 年），頁 55。
5. 〈婦人付錄　名流婦人応接間の印象（四）門野理世子〉，《讀売新聞》，1914 年 5 月 21 日，版 5。
6. 清水孫秉、大野恭平編，《柳生一義》（東京：山崎源二郎，1922 年），頁 268-269。
7. 興南新聞社編，《臺灣人士鑑》（臺北：興南新聞社，1943 年），頁 365。
8. 陳柔縉，《總統的親戚：揭開臺灣權貴家族的臍帶與裙帶關係》（臺北：時報出版社，2011 年第 2 版），頁 300。
9. 許雪姬，〈日治時期的板橋林家──一個家族與政治的關係〉，《臺灣史論文精選》，下冊（臺北：玉山社，1996 年），頁 118。
10.陳俊宏，〈李春生族譜〉，《臺灣文學評論》，第 5 卷第 1 期，2005 年，頁 87。
11.陳天來編，《同業組合臺灣茶商公會沿革史》（臺北：同業組合臺灣茶商公會，1938 年），頁 82-89。

貳、日本、臺灣產物保險市場的變遷：
從「海上保險」到「火災保險」

在 1900 年代的臺灣，產物保險仍是以海上保險為主，外國的火災保險代理人僅承保倉庫及其中的貨物，尚無普通家屋投保的紀錄。[16] 1911 年《臺灣日日新報》的社論也指出，因氣候與建築結構等因素，使臺灣的火災發生率較日本為低，相對地投保火災保險的需求也少，但隨著 1910 年代臺灣各都市市區改正計畫的推行、家屋的改造，可以預期將來火災保險需求會有所增加。[17]

由於第一次世界大戰產業勃興，日本和臺灣產物保險的市場規模也隨之擴大，但保險產業的興盛，在海上保險和火災保險的發展上是有差別的。從日本農商務省（後為商工省）[18] 和臺灣總督府商工課的統計資料來看，自 1915 年起，日本的火災保險規模便已超越海上保險（1915 年年度新增保險金額中，火災保險 16,027,818,130 圓是海上保險 3,426,590,165 圓的近 5 倍）；同時期的臺灣火災保險在初期雖未完全超越海上保險，但亦有長足進步。1914 年到 1932 年間，臺灣火災保險的年度新增保險金額成長了 12 倍，經營火災保險的會社數目從 10 家增加到了 31 家。自 1918 年以後，臺灣的火災保險在年度新增保險金額和年末保險金額皆超越了海上保險（章末表 4-2、表 4-3）。

臺灣火災保險市場雖然成長迅速，但仍與日本內地的規

16　臨時臺灣舊慣調查會編，陳金田譯，《臨時臺灣舊慣調查會第一部調查第三回報告書臺灣私法》，第三卷（南投：臺灣省文獻委員會，1993 年），頁 369。
17　〈本島の保險業（二）〉，《臺灣日日新報》，1911 年 6 月 2 日，版 5。
18　在 1925 年以前，日本內地保險業的主管官廳為農商務省，1925 年後由分割出來的商工省負責。

模差距極大。在年末保險金額上，1915年時相差近90倍（日本 2,374,545,366 圓、臺灣 26,499,995 圓），而就算是以臺灣火災保險發展較為成熟的 1938 年進行比較，也有 45 倍（日本 26,054,153,000 圓、臺灣 577,133,469 圓）的差距（章末表 4-2、表 4-3）。如此懸殊的市場規模，除了反映日本與臺灣人口數量的差異外，也是由於日本內地的火災保險業務發展較早、火災發生率也較高（氣候乾燥、木造房屋多），故火災保險較臺灣更為普及的關係。

1920 年大成火災優先經營火災保險業務，應是在海上保險受日本財閥壟斷和產物保險市場變遷的雙重結構下，所做的最好選擇。而由於日本火災保險市場規模龐大，大成火災在站穩臺灣的經營後，便優先計畫向日本內地經營火災保險業務，期望在臺灣和日本的經營基礎穩固後，再向南方進出。[19]

第二節　大成火災海上保險株式會社的經營

壹、設立之初便成為臺灣火災保險業的領導公司

在 1920 年 4 月 1 日大成火災獲得臺灣總督府商工課的許可後，開始在臺販售火災保險契約，其總契約保險金額在 1921 年 12 月便超越了所有在臺的日本火災保險公司，並在 1926-1929 年達到了 20% 的高市佔率，之後一直到 1940 年間雖然有所衰退，但市佔率仍維持在 10% 以上（章末表 4-4、圖 4-5）。

大成火災能如此迅速地拓展在臺火災保險業務，主因在於佔

19　大成火災海上保險株式會社編，《五十年の步み：大成火災略史》（東京：大成火災海上保險株式會社，1970 年），頁 2。

有了公營建物的火災保險業務。[20] 大成火災能佔有公營建物火災
保險契約的原因，則是來自於臺灣總督府和臺人董監事、股東的
支持。以《外埔鄉藏古文書專輯》所留存的大成火災保險契約文
書為例，1922 年起臺中大甲外埔庄庄長許天催便將公學校校舍
投保大成火災的火災保險，下一任庄長許天奎於 1928 年再加保
了教員宿舍、庄役場廳舍；[21] 從現存的保險領收證來看，至少自
1933 年開始，外埔庄庄長便固定於臺中大甲代理人（中南拓殖
株式會社）繳納火災保險費，[22] 當時的中南拓殖株式會社董事長
吳淮水[23] 有入股大成火災，[24] 而前任的中南拓殖株式會社董事長
便是庄長許天奎。[25] 從外埔庄的公營建物火災保險契約文書可證
明，大成火災透過臺人股東和代理人的地方人際網絡，和當地庄
長取得聯繫，進而爭取公營建物的火災保險契約。臺人股東在當
地經營的公司亦成為大成火災的代理人，協助地方上保險契約的
簽訂與保險費的收取，並從中獲利。

　　由於大成火災除臺北總公司外，各地的保險業務是以代理人
為主，保險代理人負責在當地販售大成火災的火災保險契約和收
取保險費，但大成火災作為臺灣火災保險的領導公司，公司在臺
代理人數量與日本代理人數量相比卻極少（1925 年在臺灣有 33

20　〈不可輕視的　臺灣保險事業狀態〉，《臺灣新民報》，1931 年 2 月 28 日，版 6。
21　洪麗完編，《外埔鄉藏古文書專輯》（臺中：外埔鄉公所，2001 年），頁 388-390。
22　洪麗完編，《外埔鄉藏古文書專輯》（臺中：外埔鄉公所，2001 年），頁 398-405。
23　臺灣新聞社編，《臺灣實業名鑑》（臺北：臺灣新聞社，1935 年），頁 141。
24　吳淮水在 1923、1925、1929 年三個年度分別持有大成火災海上保險株式會社
　　339、340、320 股，參見大成火災海上保險株式會社編，「株主氏名表」（大正 12
　　年），頁 10；大成火災海上保險株式會社編，「株主氏名表」（昭和 4 年），頁 8；
　　大成火災海上保險株式會社編，「株主氏名表」（大正 14 年），頁 9。
25　臺灣新民報社調查部編，《臺灣人士鑑》（臺北：臺灣新民報社，1937 年），頁
　　38。

間代理人、日本有 1,109 間，1926 年合併統計後，估計臺灣的代理人數量仍舊不多，表 4-5），這或可說明大成火災在臺灣的保險代理人規模較在日本的保險代理人為大，代理人的經營者亦為當地有力人士。

除前述中南拓殖株式會社的例子外，1927 年以臺人資本為中心成立的大東信託株式會社（董事長林獻堂），亦是大成火災在中部的重要代理人；[26] 另從《灌園先生日記》的記載可知，至少在 1941、1943 年，大成火災在臺中的駐在員亦會請託林獻堂，協助聯繫霧峰庄的庄長林夔龍（林獻堂姪子，後改名「林孝祐」）和助役林元吉，以促成霧峰庄役場和新築吳厝國民學校校舍的火災保險。[27] 可見大成火災能在短短 20 個月成為臺灣火災保險領導公司，除了臺灣總督府支持外，應也與公司內部的臺人董監事、股東在臺灣各地產業、家族的人脈與經營基礎有關。

26　大東信託株式會社編，「第一〜十七回營業報告書」（昭和 2-18 年），「企業史料統合データベース」：https://j-dac.jp/bao（2017/3/3 點閱），企業 ID：2469801；石井善次，《臺中商工案內》（臺中：臺中商工會議所，1941 年），頁 181。

27　林獻堂，《灌園先生日記》，1941 年 4 月 6 日、1943 年 2 月 22 日、3 月 29 日。

表 4-5、1920-1944 年大成火災海上保險株式會社分公司、

營業部、代理人數量表

年度	分公司	營業部	代理人數（間）	
			臺灣	日本
1920			13	0
1921	—	—	13	0
1922			18	0
1923	東京	大阪	22	253
1924			27	851
1925			33	1,109
1926			1,098	
1927			1,030	
1928			1,043	
1929			1,170	
1930			1,350	
1931		神戶、仙臺、九州	1,743	
1932			2,286	
1933	東京、大阪		2,509	
1934			2,920	
1935			3,705	
1936			4,034	
1937			3,869	
1938			4,170	
1939			3,993	
1940		神戶、仙臺、九州、橫濱	3,876	
1941			2,174	
1942		神戶、仙臺、九州、橫濱、名古屋、京都	2,099	
1943	東京、大阪、京城		2,148	
1944			2,203	

參考來源：大成火災海上保險株式會社編，「第一～二十五回事業報告書」（大正 9 年～昭和 19 年），「企業史料統合データベース」：https://j-dac.jp/bao（2017/3/3 點閱），企業 ID：2929601。

　　自 1930 年，臺灣火災保險市場逐漸趨於飽和，公司數目維持在 29-33 家（章末表 4-3）。在臺火災保險公司為爭取保險契

約，時有削價競爭之舉，甚至有將火災保險費率調降至 1‰ 以下的公司；臺灣總督府為解決火災保險公司在臺過度削價競爭的問題，1935 年 8 月糾集在臺的 32 家火災保險公司，仿照日本內地保險協會，籌組「臺灣火災保險協會」，並參考日本的火災協定費率，訂定臺灣火災保險的協定費率（比日本低 10-20%）。[28] 臺灣火災保險協會於同年 9 月 16 日成立，10 月 1 日全體參與協會的保險公司便統一販售協定費率保險契約。[29]

　　大成火災作為臺灣火災保險的領導公司，始終掌握著臺灣火災保險協會會長一職，1935 年由當時董事長林熊光（第二任董事長）擔任會長。[30] 1938 年底林熊光辭任後，便由常務董事益子逞輔接任臺灣火災保險協會會長，[31] 隔年改由董事藤江淳三郎擔任會長。[32] 直到 1941 年 11 月 1 日臺灣火災保險協會配合總督府政策改組為「臺灣損害保險協會」之後，協會會長一職仍舊由大成火災的董事擔任。[33]

　　雖然大成火災的總契約保險金額在 1940 年 11 月已被共同火災保險株式會社所超越，但大成火災作為唯一一家總公司設於臺灣的保險公司，仍受到臺灣總督府的重視，就算是在戰爭後期（1941-1944 年）日本強制整併 50 餘家產物保險公司為 16 家保險

28　〈台湾火保協会創立の大綱決まる〉，《読売新聞》，1935 年 8 月 14 日，版 3。

29　〈臺灣火保協會　きのふ創立總會　新協定は來月一日より實施〉，《臺灣日日新報》，1935 年 9 月 17 日，版 2。

30　〈臺灣火保協會　三十日臨時總會〉，《臺灣日日新報》，1935 年 9 月 28 日，版 3。

31　〈臺灣火保協會　益子氏會長　に推さる〉，《臺灣日日新報》，1939 年 7 月 13 日，版 2。

32　〈臺灣火保協會會長に藤江氏委員三名增員〉，《臺灣日日新報》，1941 年 7 月 17 日，版 2。

33　千草默仙，《會社銀行商工業者名鑑》（臺北：圖南協會，1941 年），頁 350。

公司之時，臺灣總督府始終表示大成火災作為獨立公司協助臺灣
的價值，因而獲得大藏省的認可而免於合併。[34]

貳、站穩日本產物保險業

　　大成火災雖是大正南進期的背景下所成立的公司，但為爭
取龐大的日本內地火災保險市場，大成火災在 1920 年初成立之
時，便有向日本內地營業的企圖。但由於臺灣與日本內地法域的
不同，農商務省對於總公司設在臺灣的大成火災在日本設立分公
司有所疑慮，期間兩位常務董事益子逞輔和郭廷俊曾針對內地營
業的問題和總務長官下村宏溝通，[35] 兩地主管官廳臺灣總督府和
農商務省經過一年的協調後，方取得意見上的一致。[36] 1922 年 2
月 17 日，大成火災獲得農商務省的營業許可，於隔日在東京設
置分公司，大成火災在日本的分支機構之營運，原則上同其他日
本保險公司一樣，遵照日本保險業法的規定，同年 5 月 1 日開始
在日本辦理火災保險業務。[37]

34　在 1943 年底，日本大藏省一度希望大成火災同日新火災保險株式會社合併，但
　　最終在臺灣總督府的支持下，大成火災免於戰時合併的命運。參見林獻堂，《灌
　　園先生日記》，1943 年 12 月 2 日；大成火災海上保險株式會社編，《五十年の步
　　み：大成火災略史》（東京：大成火災海上保險株式會社，1970 年），頁 60-61。
35　據《下村宏日記》所載，早在 1920 年 2 月 23 日，大成火災尚未開始在臺販售
　　火災保險時，益子逞輔便向下村宏提出向內地營業的計畫；郭廷俊則是在 1921
　　年 3 月 15 日時，和下村宏討論公司向內地營業的問題。參見下村宏，《下村宏
　　日記》，1920 年 2 月 23 日、1921 年 3 月 15 日，收錄於《下村宏関係文書》書類
　　の部〔日記・手帳〕，請求記号：755、756（東京：国立国会図書館憲政資料室
　　藏）。
36　大成火災海上保險株式會社編，《大成火災新會社略史：三十年の步み》（東京：
　　大成火災海上保險株式會社，1980 年），頁 6。
37　大成火災海上保險株式會社編，《五十年の步み：大成火災略史》（東京：大成火
　　災海上保險株式會社，1970 年），頁 16；〈農商務省告示第四十六號〉，《官報》，
　　1922 年 2 月 20 日，頁 437。

但大成火災初期的營運並不十分順利，1923 年以前，公司盈餘均高過保險費收入，這代表大成火災最初三年的獲利，主要來自於 125 萬實收資本額所衍生的利息。1923 年以後，大成火災才成為一家透過販賣保險獲取利潤的公司。大成火災的保險費收入從 1923 年的 237,025.34 圓膨脹到 1924 年的 1,384,965.94 圓（章末表 4-6），為何能有如此大的增長？這便要從 1923 年 9 月 1 日關東大震災後的火災保險問題說起。

過去的臺灣史研究在提及關東大震災時，都會說到前臺灣民政長官後藤新平（時任東京市長、內務省大臣、帝都復興院總裁）在第二次山本內閣任內所推行的帝都復興計畫。但其實當時的山本內閣成員中還有另一位與臺灣關係密切的人物，即前任臺灣總督田健治郎（時任農商務省兼司法省大臣）。[38] 9 月 2 日走馬上任的田健治郎首要處理的，便是火災保險金無法理賠的問題。當時發行的火災保險契約，在 1906 年 4 月桑港（現稱「舊金山」）大地震後，保險公司無內外之別，皆明定對地震所引發的大火無賠償責任。但法律上的爭議還只是火災保險問題的表面，真正的問題在於日本保險公司對關東地區全面性的大火損失，並無能力償付；[39] 當時的東京府和神奈川縣地區，保戶財產損失總額共約 22 億圓，而日本國內 36 家經營火災保險的公司總資產也不過 2 億 3,000 萬餘圓。[40]

大日本連合火災保險協會會長各務鎌吉（東京海上保險株式

38　田健治郎著，吳文星、廣瀨順皓、黃紹恆、鍾淑敏主編，《臺灣總督田健治郎日記》，下冊（臺北：中央研究院臺灣史研究所，2009 年），1923 年 9 月 2 日。

39　田健治郎，《臺灣總督田健治郎日記》，下冊，1923 年 9 月 3 日。

40　日本經營史研究所，《東京海上火災保險株式會社百年史》，上冊（東京：東京海上火災保險株式會社，1979 年），頁 388。

會社董事長）[41] 盡力統合協會內 32 家火災保險公司的意見，向政府提出支付保險金額 10% 給保戶作為慰問金的方案。但就算僅支付 10%，仍舊有許多保險公司無法支付，故各務鎌吉要求政府以低利融資的方式先借貸給保險公司支付 10% 慰問金，保險公司以後再分期償還給政府。經過 3 個月的折衝，有關政府提供低利融資給予保險公司的「保険会社ニ対スル貸付金ニ関スル件法律案」才在 12 月 15 日的閣議中決定。但法案在送到臨時議會後卻遭到否決，田健治郎和各務鎌吉為此引咎辭職。同時在社會的不安下，不久便發生了意圖刺殺裕仁皇太子的「虎之門事件」，造成山本內閣總辭，直到隔年青浦內閣組閣後，才在 1924 年 4 月 1 日通過了敕令 84 號「保険会社ニ対スル助成金交付ニ関スル件」的法案，前後歷時 9 個月的火災保險問題方告解決。[42]

由於大成火災自 1922 年 5 月 1 日才開始於日本販售火災保險，並無加入「大日本連合火災保險協會」此一協定費率的協會，為「非協定公司（日文稱「非協定會社」）」，經營上能較其他日本保險公司更為自主。1923 年 12 月，有關火災保險問題

41　各務鎌吉（1869-1939），岐阜縣人，為戰前三菱財閥在產物保險產業上最重要的經理人才。1888 年東京高等商業學校畢業，1891 年進入東京海上保險株式會社，1894 年赴倫敦辦理東京海上在歐洲的保險業務，是讓東京海上成為「世界的東京海上」的關鍵人物。歷任東京海上保險株式會社董事長、明治火災保險株式會社董事長、東明火災保險株式會社董事長、三菱海上火災保險株式會社董事長、三菱信託株式會社董事長、日本郵船株式會社董事長等職。參見宇野木忠，《各務鎌吉》（東京：昭和書房，1940 年）；〈各務鎌吉について〉，收錄於「東京海上各務記念財團」：http://www.kagami-f.or.jp/summary/summary.html（2014/5/5 點閱）。

42　日本經營史研究所，《東京海上火災保險株式會社百年史》，上冊（東京：東京海上火災保險株式會社，1979 年），頁 389-392。有關關東大震災火災保險問題的詳細經過，另可參考田村祐一郎，〈関東大震災と保険金騒動（1）-（17）〉，《流通科学大学論集　人間・社会・自然編》，16(3)、17(1-3)、18(1-3)、19(1-3)、20(1-2)、21(1-2)、22(1-2)、23(1)（2004-2010 年）。

圖 4-6、1924 年大成火災海上保險株式會
社東京分公司報紙廣告圖
「自力一成支付的先驅者」

資料來源：〈〔広告〕大成火災海上保険〉，《読売新聞》，1924 年 6 月 5 日，版 4。

的法案仍在日本帝國議會載浮載沉之際，大成火災便率先響應政府的法案內容，於 12 月 21 日在臺北召開臨時股東會，優先支付保險金額 10% 的慰問金給保戶，[43] 是當時最早不用政府融資、自力支付慰問金的保險公司。[44] 其實，大成火災於日本的經營在 1923 年尚在起步階段，因震災所造成的保戶損失原本便不多，支付的 45,223.16 圓慰問金，也是公司負擔能力內的金額（章末表 4-6）。在完成慰問金的支付後，1924 年大成火災在日本內地的廣告，便以「自力一成支付

43　大成火災海上保險株式會社編，「第四回事業報告書」（大正 13 年），「企業史料統合データベース」：https://j-dac.jp/bao（2017/3/3 點閱），企業 ID：2929601，頁 3-4。

44　就算以 1924 年 4 月 1 日通過保險助成金法案後響應政府 10% 慰問金的保險公司來看，除了大成火災外，也僅有東京海上、東洋火災、神國海上和日本簡易火災 4 家保險公司自力支付了 10% 的慰問金；在日本的外國保險公司則堅持依照契約條款，不予支付 10% 慰問金，日本民眾的反感也造成外國保險公司在日本的經營漸次下滑。日本經營史研究所，《東京海上火災保險株式會社百年史》，上冊（東京：東京海上火災保險株式會社，1979 年），頁 392-394。

的先驅者」的名義進行宣傳（圖 4-6）。

　　因為在關東大震災快速、自力支付慰問金的行為，大成火災在日本內地獲得了良好的名聲，1924 年 8 月末公司在日本的火災保險金額便達到了 1 億圓，[45] 到了 1929 年創社十週年時，公司的契約保險金額已達到日本內地 50 餘家火災保險公司的中上水平，也因為自主的經營策略，採用不同於協定公司的風險評估方式，大成火災的損失率 36% 低於業界其他保險公司（損失率 40-50%）許多；[46] 1925 年後，大成火災除了 1934-1936 年因函館大火和 1940 年因靜岡大火外，每年均維持在 10 萬圓以上的獲利（章末表 4-6）。

參、臺灣、日本兩地的彈性經營策略

　　從上述大成火災在臺灣和日本的發展情況來看，公司在兩地採取非常彈性的經營策略。大成火災在臺灣的經營，在臺灣總督府和臺人董監事、股東的支持下，1922 年便成為臺灣產物保險業的領導公司，一直維持在 10-20% 的高市佔率，1935 年臺灣總督府組織「臺灣火災保險協會」後，大成火災的董事便一直擔任協會會長一職，透過保險費率的協定，持續保障其在臺灣的經營。

　　而在日本內地的經營，由於日本內地的保險發展較臺灣成熟，很早便有火災保險協會的組織，但大成火災在 1922 年向內地營運後，直到 1939 年 10 月 24 日加入「大日本火災保險協會」

45　〈大成火保契約高　內地は約一億に達す〉,《臺灣日日新報》，1924 年 8 月 31 日，版 3。

46　大成火災海上保險株式會社編,《大成火災新會社略史：三十年の步み》（東京：大成火災海上保險株式會社，1980 年），頁 6。

前，[47] 雖在保險費率上參考協定費率，[48] 但始終是非協定公司，經營較協定公司更為自主，才能在 1923 年關東大震災時便率先響應政府政策，迅速支付了 10% 保險金額的慰問金給保戶，打響了公司在日本營業的第一步。

　　從現存大成火災在臺灣和日本的保險契約文書來看，在1925 年林熊光與益子逞輔共同擔任常務董事之時，公司的經營很有可能已分為臺灣與東京的兩個經營中心。當時臺灣方面的保險契約文書署名為林熊光，[49] 日本方面則為益子逞輔（圖 4-7、圖 4-8）。[50] 另根據林獻堂在《灌園先生日記》中的記載，至少在1933 年時，大成火災已分別在東京和臺灣召開董監事會。[51] 從林獻堂參與大成火災董監事會、股東會的紀錄來看，在臺北的董監事會多由林熊光主持，在東京則是兩者皆有出席紀錄，但多由益子逞輔報告在日本的經營狀況（章末表 4-11）。

47　大成火災海上保險株式會社編，「第二十回事業報告書」（昭和 15 年），「企業史料統合データベース」：https://j-dac.jp/bao（2017/3/3 點閱），企業 ID：2929601。

48　井口武三郎，《火保研究》，第 2 卷　現行火災保險料率の解剖（東京：火保研究社，1934 年），頁 108。

49　洪麗完編，《外埔鄉藏古文書專輯》（臺中：外埔鄉公所，2001 年），頁 389-397。

50　大成火災海上保險株式會社編，《大成火災新會社略史：三十年の歩み》（東京：大成火災海上保險株式會社，1980 年），頁 11。

51　林獻堂，《灌園先生日記》，1933 年 4 月 17 日。與板橋林家相比，霧峰林家的林獻堂持股並不多（表 4-1，1920 至 1929 年有 500 股，最多時不過 950 股），但林獻堂的重要性不在於股數，而是他長期擔任公司董事一職（圖 4-4）並與林熊光有良好的交情，在其所留下的《灌園先生日記》中，見證了大成火災海上保險株式會社的發展。

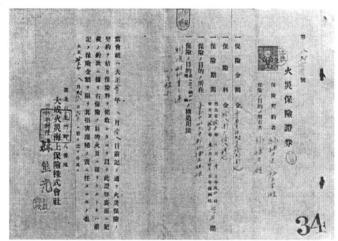

圖 4-7、1926 年大成火災海上保險株式會社在臺灣的保險契約
公司代表人署名：林熊光

資料來源：洪麗完編，《外埔鄉藏古文書專輯》（臺中：外埔鄉公所，2001 年），頁 389。

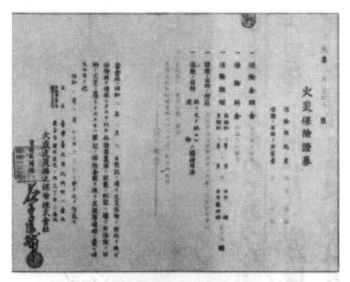

圖 4-8、1931 年大成火災海上保險株式會社在日本內地的保險契約
公司代表人署名：益子逞輔

資料來源：大成火災海上保險株式會社編，《大成火災新會社略史：三十年の步み》
（東京：大成火災海上保險株式會社，1980 年），頁 11。

　　從大成火災的營業成績來看，營收明顯與日本的重大事件（地震、大火）有所連動（章末表 4-6），這是否代表大成火災的事業重心已移轉到日本內地？大成火災在日本和臺灣兩地的經營分別佔多少比重？如用章末表 4-2、表 4-3、表 4-4 的統計資料加以整理，可知大成火災在日本契約保險金額，於 1926-1938 年間約是在臺灣契約保險金額的 4 倍，比重佔 80%，市佔率 1.2-1.7%，約是日本內地 50 多家火災保險公司的中間偏上，[52] 在臺灣方面雖僅佔 20% 的經營比重，卻是臺灣產物保險業的領導公司，一度擁有 20% 的高市佔率（表 4-7）。上述大成火災在日本和臺灣兩地的經營比重和市佔率，若再考慮日本與臺灣兩地火災保險市場規模的差異，大成火災的經營重心分配，無疑是商業性的考量，公司不能忽視日本內地龐大的火災保險市場；易言之，爭取市場規模大於臺灣 90 倍的日本火災保險市場，是大成火災的公司營收進一步成長和維持穩定獲利的關鍵。

52　大成火災海上保險株式會社編，《大成火災新會社略史：三十年の步み》（東京：大成火災海上保險株式會社，1980 年），頁 6。

表 4-7、1923-1940 年大成火災火海上保險株式會社在日本、臺灣的經營比重、市佔率比較表

年度	年末總保險金額（日圓）	日本			臺灣		
		保險金額（日圓）	比重	市佔率	保險金額（日圓）	比重	市佔率
1923	39,413,479.38	21,937,120.38	55.7%	0.2%	17,476,359.00	44.3%	13.6%
1926	224,389,588.71	187,703,475.71	83.7%	1.4%	36,686,113.00	16.3%	20.8%
1927	227,137,511.24	187,107,511.24	82.4%	1.3%	40,030,000.00	17.6%	20.3%
1928	232,601,787.28	191,557,007.28	82.4%	1.2%	41,044,780.00	17.6%	20.2%
1929	260,134,712.84	212,238,538.84	81.6%	1.2%	47,896,174.00	18.4%	19.9%
1930	269,342,002.69	216,819,648.69	80.5%	1.2%	52,522,354.00	19.5%	18.6%
1931	274,820,366.18	219,930,931.18	80%	1.3%	54,889,435.00	20%	18.8%
1932	328,725,870.89	271,601,870.89	82.6%	1.5%	57,124,000.00	17.4%	19.8%
1933	350,353,332.53	286,941,332.53	81.9%	1.4%	63,412,000.00	18.1%	19.7%
1934	392,951,626.91	322,239,626.91	80%	1.5%	70,712,000.00	20%	19.2%
1935	389,602,630.89	317,072,630.89	81.4%	1.4%	72,530,000.00	18.6%	18%
1936	442,903,219.50	370,924,219.50	83.8%	1.7%	71,979,000.00	16.2%	17.1%
1937	453,456,784.90	374,982,784.90	82.7%	1.7%	78,474,000.00	17.3%	15.8%
1938	462,963,923.97	378,365,923.97	81.7%	1.5%	84,598,000.00	18.3%	14.7%
1939	545,871,052.29	460,010,052.29	84.3%	—	85,861,000.00	15.7%	12.1%
1940	793,421,666.18	699,962,666.18	88.2%	—	93,459,000.00	11.8%	10.6%

※臺灣保險金額的數據採用表 4-4《臺灣日日新報》所載之總計，由於部分年月之統計，並無年末 12 月之統計，故採用最接近各年度年末之月分數據計算。另從表 4-2、表 4-3 可知，日本和臺灣火災險年度新增保險金額與年末保險金額相當，說明火災保險大多為一年期的保險，故短期月分的數據差應影響不大，仍可作一參考。

資料來源：表 4-2、表 4-3、表 4-4 資料製成。

　　但重視內地市場並不代表忽視在臺灣的營業，大成火災作為唯一總公司設於臺灣的保險公司，一直維持其在臺領導公司的地位。1927年大成火災在臺的廣告中，便自稱其為「島內唯一受臺灣總督府與商工省二重監督的公司」（圖4-9）。

　　1935年臺灣總督府舉辦始政四十週年記念臺灣博覽會的刊物《臺灣を代表するもの》中，大成火災董事長林熊光亦表示：

> 由於會社（大成火災）創立動機是以臺灣為主體而生的關係，大多數的股東為臺灣人，只是事業的性質上不僅在臺灣，事業網更遍布日本全國各地，在地理的便宜上設置東京支店（分公司）為內地營業的總部。[53]

直到1938年底林熊光辭職、大倉財閥副頭取門野重九郎擔任董事長後，大成火

圖4-9、1927年大成火災海上保險株式會社在臺商工名錄廣告圖「島內唯一受臺灣總督府與商工省二重監督的公司」

資料來源：栗田政治，《昭和二年　臺灣商工名錄》（臺北：臺灣物產協會，1927年），書末廣告頁1。

53　林熊光，〈大成の使命〉，《臺灣を代表するもの》（臺北：臺灣新聞社，1935年），頁930。

圖 4-10、大成火災海上保險株式會社第二任董事長林熊光

資料來源：臺灣新聞社編，《臺灣を代表するもの》（臺北：臺灣新聞社，1935 年），頁 92。

災的經營比重才進一步向日本內地傾斜，並在 1939 年 10 月 24 日加入了「大日本火災保險協會」，[54] 成為「協定公司」的一員。

實際上，大成火災成立的初期（1921-1931 年），是被日治時期經濟學者東嘉生稱為「社會經濟苦悶多事的時代」，各項產業已趨於飽和；[55] 而響應臺灣總督府「南進政策」成立的大成火災，始終沒有將其分支機構延伸至南進政策的華南和南洋地區，反而是透過將經營範圍延伸至市場更大的日本內地（表 4-5），從而達到穩定的獲利，這不能不說是殖民地臺灣企業的一種突破。[56] 能有如此成績，可以說是公司內部「內臺融合」的成果，臺人資本所成立的保險公司要在日本經營保險業務，沒有日人的合作和居中協調，大成火災是不可能獲得日本主管官廳的許可，也不可能有之後的獲利了，但臺、日人合作的同

54　大成火災海上保險株式會社編，「第二十回事業報告書」（昭和 15 年），「企業史料統合データベース」：https://j-dac.jp/bao（2017/3/3 點閱），企業 ID：2929601。

55　東嘉生著，周憲文譯，《臺灣經濟史概說》（臺北：海峽學術出版社，2007 年），頁 76。

56　直到 1942 年 3 月，大成火災向臺灣總督府、大藏省、拓務省等關係官廳提出的「有關南方進出的意見書」中，表示公司在第一階段：臺灣創業期和第二階段：日本內地營業穩定期齊備下，將結合臺人和華僑資本具體實踐南方進出的目標，但實際上至終戰，大成火災始終沒有將其事業版圖擴張到華南、南洋地區。參見大成火災海上保險株式會社編，《五十年の步み：大成火災略史》（東京：大成火災海上保險株式會社，1970 年），頁 2；另參表 4-5。

時，其實也帶來了衝突，這將在下節作進一步詳述。

圖 4-11、1924 年大成火災海上保險株式會社臺北總公司

資料來源：大成火災海上保險株式會社編，《大成火災新會社略史：三十年の步み》（東京：大成火災海上保險株式會社，1980 年），頁 6。

圖 4-12、1933 年大成火災海上保險株式會社臺北總公司

資料來源：臺灣新聞社編，《臺灣を代表するもの》（臺北：臺灣新聞社，1935 年），
頁 929。

第三節　公司內部臺、日人勢力的競合與從屬化

壹、益子逞輔與李延禧的合作

　　在大正南進期下成立的大成火災，其公司的創立與經營，不
能不提及益子逞輔[57]的重要性。趙祐志在其著作《日人在臺企業

57　益子逞輔（1885-1979），又名天頓，筆名益子生、天頓生，茨城縣人，大正南
進期的金融人才、臺灣產物保險史上的重要人物。自幼出身貧寒，17 歲徒步上
京，求教於嘉納治五郎的私塾門下，苦讀進入早稻田大學就讀。1908 年早稻田大
學政治經濟科畢業後從軍。1911 年來到臺灣，擔任臺灣日日新報社記者，與大
野恭平、佐藤四郎並稱為臺灣新聞界的「三羽烏」。在臺期間考察臺灣金融、經
濟，並參與臺、日人合辦的「大正協會」。1912-1913 年受臺灣銀行委託，兩度赴
對岸中國華南、華中地區考察；在實業界前輩赤司初太郎的資助下，1916-1917

菁英的社會網絡（1895-1945）》中，為考察在臺日人企業菁英的社會網絡，作者從企業繼承、金融企業、商事企業、製糖企業、官控企業，分析在臺日人的親緣網絡、地緣網絡、學緣網絡、政治網絡。[58] 但其中的金融企業卻未將保險業納入，僅觀察了臺灣銀行為中心的日本商人。從益子逞輔的經歷來看，其與初期在臺日人資本赤司初太郎有所聯繫，亦獲得臺灣銀行頭取柳生一義的支持。

　　而在早稻田大學的學緣網絡上，依據岡本真希子的研究，益子逞輔在1912年渡臺之初便被選為臺北校友會的幹事。[59] 另外，大成火災的顧問大野恭平，亦是益子逞輔在早稻田大學時代的同學和臺灣日日新報社的記者同事。[60] 戰前日本早稻田大學的校友活躍於日本帝國各處，如待在內地，機會反而不如臺灣、朝鮮等新興殖民地來的多，據武田晴人的統計，1930年470位日本大企業的高階經理人中，早稻田大學畢業者僅有8人，佔全部

年赴歐美遊歷，歸臺後升任臺灣日日新報社編輯長；1918年辭職投入實業界，協助籌辦華南銀行，因故中途退出後，隔年發起籌組大成火災海上保險株式會社，長期擔任公司常務董事一職。益子逞輔是荒井泰治（1861-1927，臺灣日日新報社記者、臺灣商工銀行頭取）之後，臺灣新聞記者投身金融界的代表人物。參見人物評論社編，《財界闘將伝：次代に生る者》（東京：人物評論社，1938年），頁35-37；羽生國彥，《臺灣の交通を語る》（臺北：臺灣交通問題調查研究會，1937年），頁500；橋本白水，〈努力の人　益子逞輔君〉，《臺灣統治と其功勞者》（臺北：南國出版協會，1930年），頁62；興南新聞社編，《臺灣人士鑑》（臺北：興南新聞社，1943年），頁365。

58　趙祐志，《日人在臺企業菁英的社會網絡（1895-1945）》，上、下兩冊（臺北：花木蘭文化，2013年）。

59　岡本真希子，〈東アジア地域における早稻田大學校友会─帝国日本のなかの〈校友共同体〉─〉，《早稻田大學史記要》，第44卷，2013年，頁80-81。

60　大成火災海上保險株式會社編，《五十年の步み：大成火災略史》（東京：大成火災海上保險株式會社，1970年），頁6-33。

的 1.7%，最多的東京帝大畢業生則佔了 34%。[61] 在日本內地缺乏
發展機會的情況下，殖民地臺灣便成了早稻田大學畢業生開創事
業的新天地，益子逞輔作為晚進的在臺日人資本，亦是內地人才
（早稻田大學畢業生）在殖民地臺灣打拼成功的事例之一。

　　從益子逞輔的經歷來看，如按黃紹恆對日治時期日人資本形
成的研究，屬於較晚進的在臺日資。[62] 針對日治初期在臺日人資
本的形成中，黃紹恆特別強調在臺日人資本與臺灣總督府的密切
聯繫，但益子逞輔作為大正南進期的金融人才，與日治初期的在
臺日人資本相較，除了獲得臺灣總督府和臺灣銀行的支持外，更
重要的是在「內臺融合」的官方政策推廣下，同臺人資本建立合
作關係，從而取得營業上的資本，如其參與華南銀行和大成火災
的公司設立均是顯例。

　　為了尋求臺人資本的支持，益子逞輔獲得了李春生家族第三
代李延禧[63] 的幫助。對於李延禧，益子逞輔回憶道：

61　武田晴人，《財閥の時代：日本型企業の源流をさぐる》（東京：新曜社，1995
　　年），頁 144。
62　在臺日資不同於日本內地財閥，指的是來到臺灣後形成的日人資本，如赤司初太
　　郎、後宮信太郎，皆是著名的在臺日資代表。黃紹恆，〈日治初期在台日資的生
　　成與積累〉，《臺灣社會研究》，第 32 期，1992 年，頁 165-214。
63　李延禧（1883-1959），李景盛次子，李春生孫。李延禧為臺灣最早的留日、留美
　　學生。1896 年同祖父李春生東遊日本，即留日就讀明治學院，1905 年赴美就讀
　　紐約大學，1910 年取得商科學士，同年入學哥倫比亞大學經濟學研究所，1911
　　年即歸臺。回臺後，1915 年協助父親李景盛成立新高銀行，擔任常務董事，1922
　　年李景盛過世後，改任頭取，1923 年新高銀行和臺灣商工銀行合併，任 1 年副
　　頭取。期間擔任臺灣總督府評議員、大成火災董事、常駐監察人等職，1924 年
　　祖父李春生過世後，遷居東京。參見〈履歷書〉，《大正十四年度酒類賣捌人指
　　定關係、酒類賣捌人指定申請書》，《臺灣總督府專賣局公文類纂》，1925 年 6
　　月，中央研究院臺史所檔案館藏，識別號：TMB_13_06_019；陳俊宏，〈「台灣史
　　話」：李春生、李延禧與第一銀行〉，《臺北文獻》，直字第 134 期，2000 年，頁
　　203-229。

　　李延禧在東京明治學院唸書，後畢業於美國哥倫比亞大
　　學商業學院，是前途有為的青年事業家，也是臺人中代
　　表新思想的人。[64]

兩人非常合得來，成為了最親密的朋友。在創立保險公司的資金
問題上，益子逞輔獲得李延禧大力協助，故益子逞輔說：「如果
沒有李延禧不遺餘力的支援，我一個人不可能設立大成（火災）
保險會社。」[65] 在 1920 年大成火災成立之初，由李延禧的父親李
景盛[66] 擔任董事長，板橋林家第二房的總管事郭廷俊和益子逞輔
共同擔任常務董事，而以下的董監事，也幾乎都是當時臺灣各地
最具名望和財富的家族人士，如李延禧的兄長李延齡、板橋林家
二房林柏壽和大房林熊光、霧峰林家林獻堂、高雄陳家陳啟貞、
鹿港辜家辜皆的、新竹鄭家鄭肇基等，基隆顏家顏雲年則是在
1920 年就持股 2,000 股，直到 1926 年其弟顏國年成為公司董事

64　益子逞輔著，李泰然譯，《一個平凡人的人生（ある平凡人の人生）》（未刊稿），
　　頁 1。

65　益子逞輔著，李泰然譯，《一個平凡人的人生（ある平凡人の人生）》（未刊稿），
　　頁 3。

66　李景盛（1860-1922），又名李世昌，字仰臣，福建省泉州府同安縣廈門人，著
　　名買辦李春生長子。自幼熟讀經史，1881 年以第五名取進淡水縣學秀才，1886
　　年補增生，同年又被選優。李景盛在清末即同父親李春生共同擔任和記洋行買
　　辦，日本領臺後，1897 年與父親李春生一同獲頒紳章。1907 年任臺北廳參事，
　　1910 年任臺北廳農會評議員，在 1910 年代李春生卸辦後，接任馬瑾岱洋行買辦
　　一職。隨後在次子李延禧的提倡下，李景盛擔任 1915 年新高銀行的頭取和 1920
　　年大成火災海上保險株式會社的董事長職務。參見〈李春生買辦を辭す〉，《臺灣
　　新報》，1897 年 4 月 27 日，版 3；〈大稻埕の外國商館〉，《臺灣日日新報》，1905
　　年 3 月 16 日，版 2；〈李景盛君略傳〉，《臺灣日日新報》，漢文版，1911 年 2 月 1
　　日，版 2；〈臺北縣陳慶勳外二百七十名へ紳章附與〉，《臺灣總督府公文類纂》，
　　第 126 冊第 15 號，1897 年 7 月 10 日；鷹取田一郎編，《臺灣列紳傳》（臺北：臺
　　灣總督府，1916 年），頁 2；益子逞輔著，李泰然譯，《一個平凡人的人生（ある
　　平凡人の人生）》（未刊稿），頁 1-3。

後，大成火災便成為了臺灣五大家族共同擔任董監事、參與經營的公司（圖 4-4、表 4-1）。

曾耀鋒的研究指出，除了臺灣五大家族為首的各地商人外，大成火災成立之初，能有陳朝駿、吳文秀、陳天來等著名的臺北茶商的入股，主要在於經營茶業的李春生家族李延禧的關係。[67] 其實，大成火災最大股東的板橋林家在 1895 年前後，便是臺北最大的茶商（建祥號，資金 12 萬），李春生的商號李節記則排名第三（資金 4 萬）。[68] 河原林直人在有關臺灣 1930 年代包種茶輸出的考察研究中，即說明了茶葉不但是清末臺灣外銷的首位商品，亦是日治時期少數未被日人所掌控的產業之一，[69] 1920 年許多茶商入股大成火災的現象，應可說明在茶產業上，臺人資本從清代至日治時期的延續與累積。

由清末至日治的產物保險發展來看，大成火災內部的臺人資本，並非完全不熟悉源自國外的保險事務，如李延禧和陳啟貞屬於買辦商人的後代，李延禧的祖父李春生、父親李景盛和陳啟貞的父親陳中和，皆是清末臺灣開港通商以來興起的買辦商人，分別從事北部茶葉和南部砂糖的貿易事業，1910 年代李春生的長子李景盛接掌李春生的事業，繼續擔任美國馬瑾岱洋行的買辦；[70] 茶商吳文秀除了經營自家茶行外，亦擔任過美國美時洋行

67 曾耀鋒，〈日本統治時代の台湾における大成火災の事業展開〉，《日本台湾学会会報》，第 15 号，2013 年，頁 75。
68 〈臺北縣殖產調查書類〉，《臺灣總督府公文類纂》，第 36 冊第 24 號，1896 年 11 月 22 日；林衡道口述，林秋敏訪問紀錄，《林衡道先生訪談錄》（臺北：國史館，1996 年），頁 5、20。
69 河原林直人著，曾妙慧譯，〈殖民地臺灣輸出產業的轉換期──1930 年代的包種茶輸出〉，收錄於薛化元主編，《發展與帝國邊陲：日治臺灣經濟史研究文集》（臺北：臺大出版中心，2012 年），頁 149。
70 〈李景盛君略傳〉，《臺灣日日新報》，漢文版，1911 年 2 月 1 日，版 2。

買辦；[71] 辜顯榮則是在清末便往來於各個通商口岸，[72] 並擔任過萬安保險公司的代理人。[73] 可見大成火災的臺人經營者應十分熟悉自清末開港通商以來的臺灣產物保險業務。

貳、板橋林家與益子逞輔的衝突

從益子逞輔《一個平凡人的人生（ある平凡人の人生）》中的敘述可知，李春生的孫子李延禧在大成火災的創辦過程中扮演重要角色，大成火災的第一任董事長亦是由李延禧的父親、新高銀行頭取李景盛擔任。但若從大成火災董監事和關係人持股來看，板橋林家自 1920 年起便是最大股東（18,600 股），李春生家族次之（6,898 股），板橋林家的重要性由此可見（表 4-1）。

1919 年發起公司設立之時，板橋林家二房林柏壽[74] 便擔任創立委員會委員長。最初板橋林家是期望由林柏壽擔任董事長、二房總管事郭廷俊[75] 和益子逞輔共同擔任常務董事，但因為李延禧

71　莊永明，《臺北市文化人物略傳》（臺北：臺北市文獻委員會，1997 年），頁 31。

72　〈李春生及辜顯榮敍勳二關スル件〉，《臺灣總督府公文類纂》，第 13 冊第 8 號，1895 年 11 月 30 日。

73　臨時臺灣舊慣調查會編，《臨時臺灣舊慣調查會第二部調查經濟資料報告》，下卷（東京：三秀舍，1905 年），頁 650。

74　林柏壽（1895-1986），一名爾準，字季丞，板橋林家林維源四子。生於廈門鼓浪嶼。16 歲赴日本學習院就讀。畢業後，1918 年返臺任林本源製糖株式會社監察人，1922 年改任董事長，期間擔任大成火災董事等職。1924 年赴英就讀倫敦大學，攻讀經濟學，1926 年轉赴法國巴黎大學修習法律。回臺後又任林本源維記興業株式會社董事、臺灣商工銀行董事、臺灣新民報社董事等職。參見臺灣新民報社調查部，《臺灣人士鑑》（臺北：臺灣新民報社，1934 年），頁 226；〈林柏壽先生行述〉，國史館編，《國史館現藏民國人物傳記史料彙編》，第九輯（臺北：國史館，1993 年），頁 173。

75　郭廷俊（1882-1944），臺北士林人。1900 年總督府國語學校國語部畢業，1907 年赴東京，先後就讀專修學校經濟科和高等研究科。畢業後返臺，1912 年任板橋林家二房總管事。郭廷俊作為板橋林家的得力助手，跨足政商兩界，長年擔任

等人期望由李景盛擔任董事長，林柏壽便以其年紀尚輕為由辭退
董事長，改任董事，而郭廷俊仍就任常務董事，並與董事長李景
盛、常務董事益子逞輔共同擔任公司代表人，[76] 大房林熊光[77] 則擔
任監察人；[78] 益子逞輔在自述中並未提及林柏壽與郭廷俊，而對
於日後擔任第二任董事長的林熊光，則表示：

> 大成會社設立的時候，他（林熊光）還是個在東京大學
> 唸書的學生，李延禧和我為了培養年輕人，讓他就任監
> 察人。[79]

另外，從大成火災 125 萬實收資本的運用也可看出板橋林家與李
春生家族的重要性，18.7% 的資金被存入了李春生家族經營的新
高銀行，其次是臺灣銀行（16.1%），第三便是板橋林家經營的華

臺北市協議會員、臺北州協議會員、臺灣總督府評議員，並曾任稻江信用組合
長、臺灣合同電氣株式會社董事、臺北總商會長、臺灣軌道株式會社董事、臺灣
米庫利用組合組合長、林本源柏記產業董事、永樂座監察人、大成火災常務董
事等職。參見臺灣新民報社調查部，《臺灣人士鑑》（臺北：臺灣新民報社，1934
年），頁 25；王詩琅纂修，《臺北市志稿》，卷九人物志（臺北：臺北市文獻委員
會，1962 年），頁 87。

76　大成火災海上保險株式會社編，「第二回事業報告書」（大正 10 年），「企業史料統
　　合データベース」：https://j-dac.jp/bao（2017/3/3 點閱），企業 ID：2929601。

77　林熊光（1897-1971），字朗庵，板橋林家「益記」林爾康三子，林熊徵、林熊祥
　　之弟。生於廈門鼓浪嶼。從小即被送往日本學習院就讀，學習院高等科畢業後就
　　讀東京帝大，1923 年取得經濟部商業科學士，隨即返臺投入實業界，創立朝日
　　興業株式會社，擔任董事長。1920 年大成火災成立，初任監察人，1925 年改任
　　常務董事，1933 年被推為董事長。參見臺灣新民報社調查部，《臺灣人士鑑》（臺
　　北：臺灣新民報社，1934 年），頁 230；〈林熊光傳略〉，王國璠編，《板橋林本源
　　家傳》（臺北：林本源祭祀公業，1984 年），頁 89-92。

78　大園市藏編，《現代臺灣史》（臺北：臺灣新聞社，1934 年第 2 版），第十編　中
　　心人物，第二章　各種政務參與の人々，頁 21-22、第五章　銀行會社の人々，
　　頁 2-3。

79　益子逞輔著，李泰然譯，《一個平凡人的人生（ある平凡人の人生）》（未刊稿），
　　頁 5。

南銀行（9.7%）。（表 4-8）

表 4-8、1920 年大成火災海上保險株式會社的銀行存款一覽表

銀行行名	存款金額（日圓）	佔全部實收資本額百分比
新高銀行	233,976.39	18.7%
臺灣銀行	200,915.70	16.1%
華南銀行	120,847.39	9.7%
商工銀行	108,024.88	8.6%
彰化銀行	107,909.93	8.6%
總計	771,674.29	61.7%

資料來源：大成火災海上保險株式會社編，「第一回事業報告書」（大正 9 年），「企業史料統合データベース」：https://j-dac.jp/bao（2017/3/3 點閱），企業 ID：2929601。

　　1918 年益子逞輔在臺灣銀行的委託下，協助華南銀行的設立，卻因經營理念不合而中途退出，[80] 從現存資料中無法判斷是發生何事，但從華南銀行成立後，銀行的經營由板橋林家主導（銀行總理[81] 為林熊光的大哥林熊徵）來看，益子逞輔很有可能與板橋林家在華南銀行的事業經營上不合，故益子逞輔才會另外找尋志同道合的李延禧，籌組產物保險公司。

　　隨著 1922 年 6 月大成火災董事長李景盛的過世和 1923 年新高銀行的破產，[82] 李景盛所持有的 3,102 股公司代表人股份，也由於新高銀行併入臺灣商工銀行，而成為臺灣商工銀行頭取荒井

80　人物評論社編，《財界闘將伝：次代に生る者》（東京：人物評論社，1938 年），頁 35-37；興南新聞社編，《臺灣人士鑑》（臺北：興南新聞社，1943 年），頁 365。

81　日治時期的銀行總裁職稱普遍使用「頭取」一詞，華南銀行十分特別，使用「總理」為職稱。

82　林木土口述，林衡道訪問整理，〈林木土先生訪問紀錄〉，收錄於黃富三、陳俐甫編，《近現代臺灣口述歷史》（臺北：林本源基金會，1991 年），頁 282-283。

泰治的持股（表 4-1）。[83] 雖然李延禧仍於 1923 年獲選為大成火
災董事，但此時李春生家族在大成火災的影響力已降低很多，隨
之而來的便是板橋林家與益子逞輔之間，長達 11 年（1922-1932
年）的董事長職務爭奪，致使董事長人選始終懸而未決。

　　1922 年，大成火災在日本內地的經營尚未步上軌道，加
上戰後景氣的反轉，公司股價從原本申購的 12.5 圓跌至市值 5
圓，[84] 前兩年又無分紅（章末表 4-6），引起了臺人股東不滿；
1923 年 2 月第三回股東會中，郭廷俊與林柏壽同時辭去公司職
務，以郭廷俊為首的股東們，針對分紅問題率先對益子逞輔（股
東會主持人）發難，這次的衝突，除了分紅問題外，實則是針
對多月來的董監事會對董事長人選始終懸而未決所致。[85] 直到同
年 6 月，才在臺灣銀行理事江崎真澄的調停下獲得暫時解決，雙
方同意維持現狀，董事長人選問題留待郭廷俊等人復職後再行決
定。[86]

　　1925 年 2 月第五回股東會中，又因分紅問題復起爭執，由
於股價長期低落（時價 6 圓），以董事張家坤和監察人吳文秀為
首的股東希望能將分紅由 5% 提高為 6%，但益子逞輔以需將利
益編入準備金為由，維持 5% 的決議（公司的準備金與分紅可參
考章末表 4-6），引起股東不滿，甚至有解散公司的聲音出現；

83　大成火災海上保險株式會社編，「株主氏名表」（大正 14 年），「大成火災海上保
　　險株式會社所寄之信函（1925-1941）」，中央研究院臺史所檔案館藏，識別號：
　　DS02_03_007，頁 11。
84　大成火災海上保險株式會社編，《五十年の步み：大成火災略史》（東京：大成火
　　災海上保險株式會社，1970 年），頁 16。
85　〈大成火災の紛擾　此際陣容を立直す必要がある〉，《臺灣日日新報》，1923 年 3
　　月 4 日，版 2。
86　〈大成火災圓滿解決　無條件にて〉，《臺灣日日新報》，1923 年 6 月 17 日，版
　　2。

郭廷俊亦起身對益子逞輔提出種種質問，表示其議案的決定，並無多數董監事的調印（簽字蓋章），在資金的運用、東京分公司的設置上亦無讓董監事會了解，這在他擔任常務董事時，是沒有的事。[87] 會後兩造的衝突在律師安保忠毅的調停下，方獲得郭廷俊的諒解，但由於郭廷俊與林柏壽不願意復職，郭廷俊辭去的常務董事職務便改由同年選任為董事的林熊光擔任。[88] 有關郭廷俊等人諒解，益子逞輔昔日在臺灣日日新報社的同事橋本白水便表示：「人們都說，益子君的敵人已不在本能寺。」[89] 但事情並未就此結束，1925 年板橋林家大房林熊光擔任常務董事後，1926 年林熊光的管事陳振能、板橋林家二房林履信、外孫蔡法平亦獲選為公司董事、監察人（圖 4-4），到了 1929 年，以林熊光為中心的板橋林家至少已獲得大成火災 34,546 股的公司股份（佔 34.5%，表 4-1），但董事長人選始終懸而未決，問題仍舊繼續擱置。

　　益子逞輔在日本內地的獨斷經營，使其與林熊光的爭執逐漸表面化，1932 年 6 月，益子逞輔認為公司之營業多在東京，非聘請日本有重望之人為中心人物不可，其意甚堅，林熊光託前臺灣總務長官賀來佐賀太郎勸告亦無效，此時臺人的股份已降至六萬餘股，日人則佔三萬餘股，益子逞輔正極力買收，林熊光亦託林獻堂幫忙協助買收股票，以避免益子逞輔佔有多數股份。[90] 另

87　〈喧騒を極めた　大成火災の總會　原案通り五分配當可決　取締役補缺は林熊光氏當選〉，《臺灣日日新報》，1925 年 2 月 27 日，版 2。

88　〈紛擾の大成火災　安保辯護士の仲裁で　近く愈圓滿解決〉，《臺灣日日新報》，1925 年 3 月 26 日，版 5；〈大成火災の紛擾　兩者互に諒解し　目出度く圓滿解決〉，《臺灣日日新報》，夕刊，1925 年 3 月 31 日，版 1。

89　橋本白水，〈大成火災の現狀〉，《島の都》（臺北：南國出版協會，1926 年），頁 70。

90　林獻堂，《灌園先生日記》，1932 年 6 月 11 日。

在 1932 年 9 月東京分公司移轉之事，益子逞輔未經董監事會同
意，也不與林熊光商量，即自行決定。因林熊光時常不在東京，
便向林獻堂推薦日人渡辺源二郎擔任公司常駐監察人，以分攤責
任，獲得林獻堂贊成，但林熊光的這項人事提案遭到益子逞輔反
對，引起了兩人進一步的衝突。[91]

　　最終東京分公司的移轉在 1932 年 10 月 31 日的臺北董監事
會中獲得追認，[92]渡辺源二郎直到 1935 年才以董事的身分進入公
司的董監事名單（圖 4-4），常駐監察人則是 1939 年才由益子逞
輔提出，人選為李延禧。[93] 1933 年 1 月，林熊光與益子逞輔的
衝突才在赤司初太郎和安保忠毅的調停下獲得解決，益子逞輔無
條件承認林熊光為董事長，赤司初太郎和安保忠毅亦加入擔任公
司董事（赤司初太郎為第二度擔任，圖 4-4），[94]扮演潤滑劑的角
色。

　　由大成火災在臺灣、日本重要經理人的人事組成來看，經
理人的人事變遷也與董監事人選連動。1925 年林熊光擔任常務
董事後，池ノ上嘉就一直是臺灣方面的總經理（日文稱「總支
配人」），[95]隨著 1933 年林熊光就任董事長一職，池ノ上嘉便在
1934-1936 年兼任日本總經理和東京分公司協理，更在 1937 年升

91　林獻堂，《灌園先生日記》，1932 年 9 月 6 日、9 月 7 日、10 月 13 日。
92　林獻堂，《灌園先生日記》，1932 年 10 月 31 日。
93　林獻堂，《灌園先生日記》，1939 年 2 月 16 日。
94　林獻堂，《灌園先生日記》，1933 年 1 月 9 日。
95　池ノ上嘉曾在 1913 年擔任臺灣總督府專賣局庶務課書記；1929 年大成火災創社
　　十週年時，表彰了池ノ上嘉作為臺灣總經理的貢獻，可見池ノ上嘉是大成火災在
　　臺事業倚重的經營人才。《臺灣總督府職員錄》、《臺灣總督府文官職員錄》、《臺
　　灣總督府及所屬官署職員錄》（臺北：臺灣日日新報社、臺灣時報社，1898-1944
　　年），收錄於中央研究院臺灣史研究所「臺灣總督府職員錄系統」：http://who.ith.
　　sinica.edu.tw/mpView.action（2017/3/3 點閱）；橋本白水，〈大成火災株式會社と池
　　上支配人〉，《臺灣統治と其功勞者》（臺北：南國出版協會，1930 年），頁 138。

任董事，直到1938年林熊光辭去董事長職務後，池ノ上嘉也於1939年辭去公司一切職務，往後的臺灣方面經理人，均是由具有日本方面經理人資歷的職員擔任（表4-9）。

表4-9、1922-1945年大成火災海上保險株式會社重要經理人一覽表

	人名	任期（年.月.日）	備註
臺北總公司 臺灣總經理	井上純三郎	1922-1925.4.6	
	池ノ上嘉	1925.4.6-1939.8.22	1937.2.26-1939.8.22 任董事
			1934-1936 兼日本總經理
	橋本關一	1939.8.22-1940.1.13	
	谷口勇三	1940-1944	代理總經理
	吉良洋平	1941.3.10-1945.8.15	1940-1944 谷口勇三代理總經理
			1941.2.24-1942.12.10 任取董事
			1942.12.10-1945.8.15 任常務董事
			1942.12.10 任代表董事
日本總經理	近藤成虎	1923.7.26-1931.5.18	
	池ノ上嘉	1934-1936	兼東京分公司協理、臺灣總經理
	谷口勇三	1936-1939	代理總經理
東京分公司	浦壁長富	1922	1922.1.29-1923.7.3 任董事
	協田邦一郎	1923-1934.7.16	
	池ノ上嘉	1934-1936	兼日本總經理、臺灣總經理
	高野孫一	1937.2.22-1940.1.22	1939.2.22-1940.1.13 任董事
			兼大阪分公司協理
	吉良洋平	1941.5.27-1945.8.15	1941.2.24-1942.12.10 任董事
			1942.12.10-1945.8.15 任常務董事
			1942.12.10 任代表董事
大阪營業部、分公司	稻津政造	1923	營業部經理
	大西義夫	1924-1928	
	高橋三郎	1929	代理協理
	高野孫一	1930-1936、1939-1941	1939.2.22-1940.1.13 任董事
			兼東京分公司協理
	橋本關一	1937-1938	
	村野要之助	1942-？	

資料來源：

1. 大成火災海上保險株式會社編，「第一～二十五回事業報告書」（大正 9 年～昭和 19 年），「企業史料統合データベース」：https://j-dac.jp/bao（2017/3/3 點閱），企業 ID：2929601。

2.《臺灣民間職員錄》、《臺灣官民職員錄》、《臺灣總職員錄》：

鈴木辰三，《臺灣民間職員錄》（大正 11 年版）（臺北：臺北文筆社，1922 年），頁 77-78。

鈴木辰三，《臺灣民間職員錄》（大正 12 年版）（臺北：臺灣商工社，1923 年），頁 64-65。

鈴木辰三，《臺灣民間職員錄》（大正 13 年版）（臺北：臺灣商工社，1924 年），頁 52-53。

鈴木辰三，《臺灣民間職員錄》（大正 14 年版）（臺北：臺灣商工社，1925 年），頁 55-56。

鈴木辰三，《臺灣官民職員錄》（昭和 2 年版）（臺北：臺灣文官武官民間職員錄發行所，1927 年），頁 49-50。

鈴木辰三，《臺灣官民職員錄》（昭和 3 年版）（臺北：臺灣文官武官民間職員錄發行所，1928 年），頁 58-59。

鈴木辰三，《臺灣官民職員錄》（昭和 4 年版）（臺北：臺灣文官武官民間職員錄發行所，1929 年），頁 65-66。

鈴木辰三，《臺灣官民職員錄》（昭和 5 年版）（臺北：臺灣文官武官民間職員錄發行所，1930 年），頁 68-69。

鳥居兼文，《臺灣總職員錄》（昭和 11 年版）（臺北：南方文化普及會內，1936 年），頁 155-156。

3.《臺灣會社年鑑》：

竹本伊一郎，《臺灣會社年鑑》（昭和 13 年版）（臺北：臺灣經濟研究會，1937 年），頁 157。

竹本伊一郎，《臺灣會社年鑑》（昭和 14 年版）（臺北：臺灣經濟研究會，1938 年），頁 159。

竹本伊一郎，《臺灣會社年鑑》（昭和 15 年版）（臺北：臺灣經濟研究會，1939 年），頁 159。

竹本伊一郎，《臺灣會社年鑑》（昭和 16 年版）（臺北：臺灣經濟研究會，1940 年），頁 137。

竹本伊一郎，《臺灣會社年鑑》（昭和 17 年版）（臺北：臺灣經濟研究會，1941 年），頁 51。

竹本伊一郎，《臺灣會社年鑑》（昭和 18 年版）（臺北：臺灣經濟研究會，1942 年），頁 23。

4.《臺灣會社銀行錄》、《臺灣銀行會社錄》、《臺灣諸會社銀行錄》：

杉浦和作、佐々英彥，《臺灣會社銀行錄》（第 2 版）（臺北：臺灣會社銀行錄發行所，1922 年），頁 77。

杉浦和作，《臺灣會社銀行錄》（第 3 版）（臺北：臺灣實業興信所，1923 年），頁 71-72。

杉浦和作，《臺灣會社銀行錄》（第 5 版）（臺北：臺灣實業興信所，1924 年），頁

57。

杉浦和作，《臺灣會社銀行錄》（第 6 版）（臺北：臺灣實業興信所，1925 年），頁 49-50。

杉浦和作，《臺灣會社銀行錄》（第 7 版）（臺北：臺灣實業興信所，1926 年），頁 56。

杉浦和作，《臺灣會社銀行錄》（第 8 版）（臺北：臺灣實業興信所，1927 年），頁 44-45。

杉浦和作，《臺灣會社銀行錄》（第 9 版）（臺北：臺灣實業興信所，1928 年），頁 253-254。

杉浦和作，《臺灣會社銀行錄》（第 10 版）（臺北：臺灣實業興信所，1929 年），頁 203-204。

杉浦和作，《臺灣會社銀行錄》（第 12 版）（臺北：臺灣實業興信所，1930 年），頁 229-230。

杉浦和作，《臺灣會社銀行錄》（第 13 版）（臺北：臺灣實業興信所，1931 年），頁 23-24。

杉浦和作，《臺灣銀行會社錄》（第 14 版）（臺北：臺灣實業興信所，1932 年），頁 232-233。

杉浦和作，《臺灣銀行會社錄》（第 15 版）（臺北：臺灣實業興信所，1933 年），頁 273-274。

杉浦和作，《臺灣銀行會社錄》（第 16 版）（臺北：臺灣實業興信所，1934 年），頁 281-282。

杉浦和作，《臺灣銀行會社錄》（第 17 版）（臺北：臺灣實業興信所，1935 年），頁 306-307。

鹽見喜太郎，《臺灣銀行會社錄》（第 18 版）（臺北：臺灣實業興信所，1936 年），頁 394。

鹽見喜太郎，《臺灣銀行會社錄》（第 19 版）（臺北：臺灣實業興信所，1937 年），頁 114-115。

鹽見喜太郎，《臺灣銀行會社錄》（第 20 版）（臺北：臺灣實業興信所，1938 年），頁 144。

鹽見喜太郎，《臺灣銀行會社錄》（第 21 版）（臺北：臺灣實業興信所，1939 年），頁 167-168。

鹽見喜太郎，《臺灣銀行會社錄》（第 22 版）（臺北：臺灣實業興信所，1940 年），頁 225。

鹽見喜太郎，《臺灣諸會社銀行錄》（第 23 版）（臺北：臺灣實業興信所，1941 年），頁 216。

鹽見喜太郎，《臺灣諸會社銀行錄》（第 24 版）（臺北：臺灣實業興信所，1942 年），頁 191。

5.《會社銀行商工業者名鑑》：

千草默仙，《會社銀行商工業者名鑑》（臺北：高砂改進社，1928 年），頁 150。

千草默仙，《會社銀行商工業者名鑑》（臺北：圖南協會，1932 年），頁 224-225。

千草默仙，《會社銀行商工業者名鑑》（昭和 9 年版）（臺北：圖南協會，1934 年），頁 369-371。

千草默仙，《會社銀行商工業者名鑑》（昭和 10 年版）（臺北：圖南協會，1935
年），頁 349-350。
千草默仙，《會社銀行商工業者名鑑》（昭和 11 年版）（臺北：圖南協會，1936
年），頁 325-326。
千草默仙，《會社銀行商工業者名鑑》（昭和 12 年版）（臺北：圖南協會，1937
年），頁 354-355。
千草默仙，《會社銀行商工業者名鑑》（昭和 13 年版）（臺北：圖南協會，1938
年），頁 392-393。
千草默仙，《會社銀行商工業者名鑑》（昭和 14 年版）（臺北：圖南協會，1939
年），頁 322-323。
千草默仙，《會社銀行商工業者名鑑》（臺北：圖南協會，1940 年），頁 368。
千草默仙，《會社銀行商工業者名鑑》（臺北：圖南協會，1941 年），頁 350-351。
千草默仙，《會社銀行商工業者名鑑》（臺北：圖南協會，1942 年），頁 310-311。
千草默仙，《會社銀行商工業者名鑑》（臺北：圖南協會，1943 年），頁 314-315。
6.〈大成火災海上保險株式會社〉，《臺灣を代表するもの》（臺北：臺灣新聞社，
1935 年），頁 933。

　　但林熊光與益子逞輔的不合，並未在 1933 年林熊光擔任董
事長後結束；實際上公司（尤其是日本內地部分）的經營仍舊掌
控在益子逞輔手中。[96] 且大成火災在 1934 年函館大火之後，面臨
公司事業的低谷，連續三年沒有分紅（章末表 4-6），兩度擔任調
停人的安保忠毅也於 1937 年 1 月過世（圖 4-4），此時林熊光與
益子逞輔兩人之間的不合已到了無法合作的地步，林熊光曾告知
林獻堂：

　　安保忠毅未死之先，曾提出妥協三條件：一、益子辭

---

[96] 在 1928 年大成火災董事長懸而未決之時，東京發行的《明治大正產業史》已將
益子逞輔列為大成火災的董事長；1933 年林熊光擔任大成火災董事長後，林進
發亦在其著作《臺灣經濟界の動きと人物》中，表示大成火災的董事長一職為
益子逞輔讓與林熊光的，益子逞輔仍是大成火災實質上的董事長；以上均可說
明益子逞輔在大成火災公司經營中的重要性。參見澤本孟虎編，《明治大正產業
史》，卷二之二（東京：帝國通信社，1928 年），頁 1255；林進發，〈火保界の重
鎮　益子逞輔君〉，《臺灣經濟界の動きと人物》（臺北：民眾公論社，1933 年），
頁 351。

退，二、熊光辭退，三、將大成火災保險與他會社合
併，囑赤司初太郎調停。今安保已死，赤司將以何法調
停，尚未可知也。[97]

在赤司初太郎的調停下，同年 11 月決定令益子逞輔退社，但益
子逞輔要求的退社條件：「以原申購價 1 股 12.5 圓買收自己及關
係者共 1 萬餘股股份（時價僅 7 圓）和慰勞金 15 萬圓。」此一
退社條件無疑是獅子大開口，益子逞輔實際上並無退社誠意，私
底下更運作驅逐董事長林熊光一事。[98]

　　在 1937 年 12 月 13 日的經理人會議中，以東京分公司協理
高野孫一為首的職員們向林熊光發難，對其提出不信任案，並逼
迫林熊光簽署辭任董事長和將一萬股賣與職員們的兩件承諾書。
就林熊光向林獻堂所述：

> 十三日（益子逞輔）借支店長會議（經理人會議）之
> 名，實欲逼其（林熊光）辭退社長（董事長），自高野
> （孫一）支配人（協理）以下二十餘名對其侮辱，三時
> 半不肯使一人出戶，皆在會議室中小便，他不從其野蠻
> 之舉動，決欲往便所，高野使二人跟之，恐其逃走也。
> 此三時半之中，非僅惡口痛罵，甚至打棹、擊碎煙鉢，
> 幾將用武，不得已乃寫一任赤司調停之覺書而與之，乃
> 得自由歸宅……[99]

林熊光更直接表示，益子逞輔不僅動員職員，甚至有「托結生產

97　林獻堂，《灌園先生日記》，1937 年 6 月 18 日。
98　林獻堂，《灌園先生日記》，1937 年 11 月 2 日、1938 年 1 月 18 日。
99　林獻堂，《灌園先生日記》，1938 年 1 月 18 日。

黨及神兵隊，將直接行動云云。」[100] 林獻堂表示：「社員（職員）之敢如是之橫暴，皆益子主使之也。」[101]

12 月 13 日經理人會議後，林熊光與益子逞輔之間的調解責任又落到了赤司初太郎的頭上。直到隔年 1 月，因多位董監事任期屆滿，須於 2 月在臺北的股東會中重新選任，故此事被暫時擱置。[102] 但林熊光此時已無意參與公司事務，赤司初太郎希望其在股東會重任後自行辭職，林熊光本人亦有此意。[103] 林獻堂感嘆道：「弱者與強者作事結局皆如是，良可慨也。」[104] 最終以林熊光為首的板橋林家持股 2 萬股，於 1938 年 3 月被日人以 1 股 12 圓買收後，臺人股東在大成火災的持股已失去過半的優勢了（公司臺、日人的持股變遷，參見下表 4-10）。[105]

林熊光十分信任赤司初太郎的調停，對辭退董事長之事，一任赤司初太郎為之，[106] 赤司初太郎本不希望林熊光辭任，但益子逞輔動員公司職員及黑龍會、生產黨[107] 等逼赤司初太郎不得挽留林熊光之辭職，赤司初太郎亦無能為力，僅能就退社慰勞金上

---

100 林獻堂，《灌園先生日記》，1938 年 1 月 30 日。
101 林獻堂，《灌園先生日記》，1938 年 1 月 17 日。
102 林獻堂，《灌園先生日記》，1938 年 1 月 28 日。
103 林獻堂，《灌園先生日記》，1938 年 1 月 29 日。
104 林獻堂，《灌園先生日記》，1938 年 1 月 26 日。
105 林獻堂，《灌園先生日記》，1938 年 5 月 17 日。
106 林獻堂，《灌園先生日記》，1938 年 9 月 13 日。
107 黑龍會（黑龍会，こくりゅうかい），1901 年成立，為日本軍國主義和泛亞主義組織，其目的如其會名，在於謀取黑龍江流域以南的土地，早年鼓吹與俄國開戰、佔領中國東三省，並與孫文等中國革命黨人合作，圖謀推翻清朝政府，在黑龍會的斡旋下，1905 年中國同盟會在東京黑龍會總部成立；日俄戰爭後，黑龍會與軍部合作，先後參與米騷動的鎮壓和關東大震災屠殺朝鮮僑民；1931 年九一八事變後，黑龍會改組為大日本生產黨（大日本生產党，だいにほんせいさんとう），支持軍部、鼓吹戰爭；1945 年終戰後，黑龍會、大日本生產黨被視為極右派組織，而遭盟軍下令解散。

盡力為其爭取，[108] 並推薦林獻堂繼任董事長一職，林獻堂對林熊光表示：「君（林熊光）尚受排斥，余何敢復蹈覆轍也。」[109] 故辭之；隔年林獻堂亦推舉赤司初太郎為董事長，但不為益子逞輔所接受。[110] 自此，板橋林家的勢力遭到益子逞輔的驅逐後，臺人勢力在大成火災已難以同日人競爭，公司的事業重心更向日本內地傾斜。

表 4-10、1920-1945 年大成火災海上保險株式會社臺、日人股東持股數、百分比變遷表

年度	1920	1922	1925	1929	1941	1943	1945
臺灣人持股數（股）	88,390	79,499	69,569	63,998	24,253	22,867	37,267
日本人持股數（股）	11,610	20,501	30,431	36,002	75,747	77,133	162,733
總股數（股）	100,000	100,000	100,000	100,000	100,000	100,000	200,000
臺灣人持股百分比	88.4%	79.5%	69.6%	64%	24.3%	22.9%	18.6%
日本人持股百分比	11.6%	20.5%	30.4%	36%	75.7%	77.1%	81.4%
總股數百分比	100%	100%	100%	100%	100%	100%	100%

資料來源：

1. 大成火災海上保險株式會社編，《大成火災三十年史》（東京：大成火災海上保險樣式會社，1950 年），頁 45。
2. 大成火災海上保險株式會社編，《五十年の步み：大成火災略史》（東京：大成火災海上保險株式會社，1970 年），頁 12。
3. 大成火災海上保險株式會社編，「株主氏名表」（大正 11 年、昭和 4、18 年版），「企業史料統合データベース」：https://j-dac.jp/bao（2017/3/3 點閱），企業 ID：2929601。
4. 大成火災海上保險株式會社編，「株主氏名表」（大正 14 年、昭和 16 年版），「大成火災海上保險株式會社所寄之信函（1925-1941）」，中央研究院臺史所檔案館藏，識別號：DS02_03_007。
5. 臺灣產物保險股份有限公司編，「大成火災海上保險株式會社清算狀況報告書」，〈大成火災海上保險株式會社清算案〉，《財政部國有財產局檔案》，國史館藏，典藏號：045000000079A。

---

108 林獻堂，《灌園先生日記》，1938 年 12 月 8 日。
109 林獻堂，《灌園先生日記》，1938 年 9 月 13 日。
110 林獻堂，《灌園先生日記》，1939 年 2 月 2 日。

參、內地財閥勢力的入股

　　1938 年林熊光辭任後，接任大成火災董事長職務的人為大倉財閥副頭取門野重九郎。益子逞輔很早就與門野重九郎有所接觸，大倉財閥是 1920 年大成火災創立之初唯一一個入股的內地財閥勢力，對公司進出日本內地的營業有其功勞。[111] 在 1937 年 12 月職員們提出林熊光董事長的不信任案後，門野重九郎便表態贊成職員們的不信任案。[112] 1920 年時門野重九郎僅有 500 股，隨著林熊光的退社，1941 年門野重九郎便增加了 1 萬股的持股，其很可能買收了林熊光的股份（表 4-1、圖 4-4）。

　　益子逞輔十分重視大成火災在內地的營業，1923 年公司開始在內地營業時便有太平洋海上火災保險會社董事長中村準策的入股（表 4-1），並在 1932 年於聘用內地名望人士進入公司營業中心的議題上與林熊光起過爭執，[113]1938 年林熊光辭職後，隔年益子逞輔便將逼退林熊光的首謀、東京分公司協理高野孫一提升為董事（表 4-9），林獻堂對此雖表示反對，但因赤司初太郎表示贊成而反對無效；[114] 公司在臺灣的經營人事方面，益子逞輔則辭退了臺灣總經理池ノ上嘉，由大阪分公司協理橋本關一接任（表4-9），並聘用大倉土木會社董事兼臺灣辦事處處長藤江醇三郎為董事（圖 4-4）。[115]

　　從大成火災在日本營業比重的擴大來看，財閥勢力的入股使大成火災的經營益加向內地傾斜（表 4-7）。為了進一步和財閥

111　大成火災海上保險株式會社編，《五十年の步み：大成火災略史》（東京：大成火災海上保險株式會社，1970 年），頁 7。
112　林獻堂，《灌園先生日記》，1938 年 1 月 26 日。
113　林獻堂，《灌園先生日記》，1932 年 6 月 11 日。
114　林獻堂，《灌園先生日記》，1939 年 2 月 2 日。
115　林獻堂，《灌園先生日記》，1939 年 7 月 10 日。

勢力合作，1939 年 10 月 24 日大成火災加入了「大日本火災保險協會」，[116]1940 年 8 月 23 日加入「日本海上保險協會」；[117] 自此，大成火災成為「協定公司」，開始辦理海上再保險業務，真正成為完整販賣火災、海上保險的產物保險公司。

對林獻堂來說，臺人與日人共同經營公司是總督府的政策使然，不得不為之，否則難以取得許可，如 1931 年臺灣即將實施信託法之時，在大東信託株式會社的許可申請上，林獻堂希望顏國年出任發起人，並紀錄道：

> 信託法欲施行，據當局言大東信託若欲得許可，非內臺人合辦不可。欲從其言恐將來權利皆被所奪，不從其言又不能得許可，不得已承諾內臺人合辦，惟多佔股數（股數）以固我會社之權利耳，故欲託其參加為發起人。國年雖承諾，亦深恐被日本人所奪，舉彰銀、商工、新高、大成諸銀行會社以作龜鑑，共談一時餘，國年歸去。[118]

可見林獻堂在臺、日人合辦的公司上，希望能藉臺人佔有多數股份以維持權利。但實際上，林獻堂在大成火災的持股並不多（1920 至 1929 年有 500 股，最多時不過 950 股，表 4-1），林獻堂在大成火災公司內部的影響力，主要來自於其和林熊光的好交情，隨著林熊光的辭任，臺人在公司的持股已喪失過半；另從表 4-10 中大成火災臺、日人歷年持股變遷來看，臺人持股持續下

116 大成火災海上保險株式會社編，「第二十回事業報告書」（昭和 15 年），「企業史料統合データベース」：https://j-dac.jp/bao（2017/3/3 點閱），企業 ID：2929601。
117 大成火災海上保險株式會社編，「第二十一回事業報告書」（昭和 16 年），「企業史料統合データベース」：https://j-dac.jp/bao（2017/3/3 點閱），企業 ID：2929601。
118 林獻堂，《灌園先生日記》，1931 年 4 月 1 日。

降，從 1920 年的 88.4% 降至 1941 年的 24.3%。

　　與林熊光相比，林獻堂和李延禧則較無交情，在公司的經營上，李延禧也較支持益子逞輔的做法，如在 1925 年第五回股東會的分紅問題上，李延禧支持益子逞輔 5% 分紅的決議。[119] 但在林熊光辭退後，李延禧反而成為了林獻堂在公司中的重要夥伴，1940 年，任職於大成火災東京分公司的臺人呂漱石，甚至向林獻堂提議推舉李延禧擔任常務董事，雖遭到林獻堂以不知其何故而拒絕，[120] 但仍可見李延禧在公司的重要性。

　　林獻堂與李延禧的聯合，肇因於 1940 年 1 月的「定款（章程）改正案」。當時益子逞輔向李延禧提出將公司年度股東會更改於東京召開，李延禧反對，認為這有違公司最初之創立精神，林獻堂亦表示反對。[121] 但益子逞輔並未放棄，進一步提出公司章程的修改，將公司章程第十八條的股東會場所改為「臺北市及其隣接地並東京」，林獻堂請李延禧修書赤司初太郎，以表示反對。[122] 其後益子逞輔向林獻堂溝通，希望取得諒解，林獻堂回覆：

> 總會（股東會）是一種形式，不論何處皆可，但此回之改正，余實不能贊成，蓋總會開於臺灣，本店（總公司）常務須一年一次往臺灣，雖多少之費氣，然並非空損時間：一、在臺之重役（董監事）、株主（股東）疏通聯絡，二、本店事務視察，三、對總督府之接協。有此三點，常務之往臺灣實為必要，若定款（章程）變更

---

119 〈喧騷を極めた　大成火災の總會　原案通り五分配當可決　取締役補缺は林熊光氏當選〉，《臺灣日日新報》，1925 年 2 月 27 日，版 2。

120 林獻堂，《灌園先生日記》，1940 年 1 月 2 日。

121 林獻堂，《灌園先生日記》，1940 年 1 月 9 日。

122 林獻堂，《灌園先生日記》，1940 年 1 月 19 日。

後，總會必常開於東京，而對臺灣漸次疏遠矣。[123]

經隔日董監事會表決後，李延禧回覆林獻堂第十八條加入東京之字已削除，[124] 此次的「定款改正案」以益子逞輔失敗告終。

　　但「定款改正案」的失敗，並不會改變大成火災向日本內地傾斜的實際狀況。1941 年 2 月第二十一回股東會前，益子逞輔已決議讓大成火災接受東京海上集團的提攜，賣與東京海上 3 萬股股份[125]（東京海上集團以旗下公司東明火災海上保險會社董事堀內泰吉和關係企業三菱海上火災保險會社董事長龜山俊藏的名義，分別持有 19,900、11,025 股，表 4-1）。[126] 隨之在人事上，辭退了渡辺源二郎、陳振能、蔡法平的董監事職務，並任命東京海上保險株式會社常務董事谷井一作、同社火災副部長吉良洋平為董事，同社火災部長塩谷友厚和著名在臺日資後宮信太郎、板橋林家林熊祥為監察人（圖 4-4）。從表 4-9 來看，此次人事變遷中最重要的人物為吉良洋平，其自東京商科大學畢業後，受東京海上保險株式會社董事長各務鎌吉栽培重用，[127] 進入大成火災後不久，吉良洋平便升任公司常務董事，並同時擔任了臺北總公司總經理和東京分公司協理。

　　對於三菱系東京海上集團的入股和人事變遷，林獻堂無可奈何，僅期望「總公司及每年股東會仍在臺灣。」益子逞輔承諾只

123　林獻堂，《灌園先生日記》，1940 年 1 月 23 日。
124　林獻堂，《灌園先生日記》，1940 年 1 月 25 日。
125　林獻堂，《灌園先生日記》，1941 年 2 月 21 日。
126　日本經營史研究所，《東京海上火災保險株式會社百年史》，上冊（東京：東京海上火災保險株式會社，1979 年），頁 591。
127　大成火災海上保險株式會社編，《五十年の步み：大成火災略史》（東京：大成火災海上保險株式會社，1970 年），頁 130。

要他還在社之日當會謹守此約；[128] 李延禧則表示：「（東京海上）
名曰提攜，將來必被其所侵佔也……」[129] 其預見果然成真。隨著
三菱財閥的入股，大成火災的營業成績自 1941 年起有驚人的成
長（章末表 4-6），主要原因有二，一為在財閥勢力入股和加入保
險協定協會後，大成火災承攬了許多內地產物保險公司的再保險
業務，這直接導致公司保險契約數量增加；二為 1942 年 1 月 26
日起，大成火災成為辦理國家戰爭保險的指定公司（臺灣方面業
務自同年 4 月 2 日起辦理），[130] 此後又陸續增加戰爭死亡傷害保險
和戰時特殊產物保險的代辦業務。[131] 但營業成績的擴大並沒有讓
股東們獲得更多分紅，大部分的獲利轉為準備金（章末表 4-6），
為因應日本戰時國策，股東分紅也受到商工省的管制，1942 年
獲利 70 餘萬圓，由於商工省不許多配，分紅僅 4%。[132]

1944 年臺灣總督府為加強戰時保險業務，欲改組大成火
災，使其成為戰爭時期的保險統制公司（日文稱「統制會社」）；
臺灣總督府原意除常務董事吉良洋平留任外，自董事長以下各董
監事均全面改選，益子逞輔託藤江醇三郎轉告林獻堂，會「對總
督府交涉先生（林獻堂）重任……」[133] 1944 年 9 月，除林獻堂、
陳啟貞、藤江醇三郎、谷井一作、吉良洋平、塩谷友厚外，以第

128 林獻堂，《灌園先生日記》，1941 年 2 月 21 日。
129 林獻堂，《灌園先生日記》，1941 年 2 月 15 日。
130 大成火災海上保險株式會社編，「第二十三回事業報告書」（昭和 18 年），「企業史
料統合データベース」：https://j-dac.jp/bao（2017/3/3 點閱），企業 ID：2929601；
〈戰爭保險臨時措置法ノ規定ニ依リ保險會社指定〉，《臺灣總督府官報》，1942 年
4 月 2 日，頁 20。
131 〈戰爭死亡傷害保險法第二條第一項ノ規定ニ依リ保險會社指定〉，《臺灣總督府
官報》，1943 年 4 月 24 日，頁 133；〈戰時特殊損害保險法ノ規定ニ依リ保險會
社指定〉，《臺灣總督府官報》，1943 年 4 月 24 日，頁 138。
132 林獻堂，《灌園先生日記》，1942 年 2 月 2 日。
133 林獻堂，《灌園先生日記》，1944 年 6 月 7 日。

三任董事長門野重九郎、常務董事益子逞輔為首的多位董監事皆
退出公司經營（圖 4-4）。國策公司臺灣拓殖株式會社的董事長加
藤恭平（前三菱商事理事）擔任大成火災的第四任董事長，[134] 取
代益子逞輔擔任常務董事的松本了吉，亦是來自三菱系的東京海
上保險株式會社，[135] 自此，大成火災的董事長與兩位常務董事，
皆由具有三菱財閥背景的人物擔任；常駐監察人則由大倉財閥藤
江醇三郎升任，[136] 另由鹿港辜家辜振甫、基隆顏家立川滄海（顏
滄海）和臺南律師森榮（沈榮）三位臺人擔任董事。[137]

　　在 1944 年的公司人事安排上，我們無法得知益子逞輔的努
力究竟有多大影響力，但在公司由日本財閥把持並受到總督府政
策限制的最後關頭，益子逞輔最終站在了臺灣人這邊，與臺人好
友李延禧同進退。雖然林獻堂在戰後評價：「他（益子逞輔）逐

---

134 從《臺灣拓殖株式會社文書》中的記載可知，在 1944 年 3 月前，臺灣拓殖會
　　社並未入股大成火災，在戰爭最後一年的增資計畫後，臺灣拓殖株式會社才持有
　　大成火災 5% 的股份；臺灣拓殖株式會社董事長成為大成火災的董事長並進行增
　　資，目的是讓大成火災成為統籌臺灣保險業的統制公司，但在 1945 年 7 月公司增
　　資計畫完成後不久，便迎來了終戰。參見林玉茹，《國策會社與殖民地邊區的改
　　造：臺灣拓殖株式會社在東臺灣的經營（1937-1945）》（臺北：中央研究院臺灣史
　　研究所，2011 年），頁 195；久保文克，《植民地企業経営史論—「準国策会社」の
　　実証的研究—》（東京：日本経済評論社，1997 年）；臺灣拓殖株式會社編，「事業
　　要覽」，《臺灣拓殖株式會社文書》，第 1643 冊，1944 年 3 月 10 日；臺灣拓殖
　　式會社編，「第八回營業報告書」（昭和 19 年），「企業史料統合データベース」：
　　https://j-dac.jp/bao（2017/3/3 點閱），企業 ID：2909401；臺拓接收委員會編，「接收
　　卷」，《臺灣拓殖株式會社文書》，第 2276 冊，1946 年 4 月 27 日；林獻堂，《灌園
　　先生日記》，1944 年 9 月 13 日；大成火災海上保險株式會社編，《五十年の步み：
　　大成火災略史》（東京：大成火災海上保險株式會社，1970 年），頁 61。
135 大成火災海上保險株式會社編，《五十年の步み：大成火災略史》（東京：大成火
　　災海上保險株式會社，1970 年），頁 61。
136 林獻堂，《灌園先生日記》，1944 年 9 月 30 日。
137 大成火災海上保險株式會社編，《五十年の步み：大成火災略史》（東京：大成火
　　災海上保險株式會社，1970 年），頁 61；〈商業登記〉，《臺灣總督府官報》，1944
　　年 12 月 14 日，頁 10。

林熊光，自以為可永久把持此會社（大成火災），豈知與熊光同樣收場耶。」[138] 但李延禧的女兒李瑗瑗亦提及：「益子是個十分有正義感的人，在戰前總督府要求臺人退出大成火災經營之時，益子便表示要與臺人共同退出會社。」[139] 1938 年林熊光辭任後，日本內地的大倉財閥和三菱財閥相繼大量入股公司，並在臺灣總督府的控制下，在臺日人資本和臺人資本均成為了日本內地財閥勢力的從屬。

肆、戰後日產接收與臺灣產物保險股份有限公司的設立

透過上述大成火災公司內部董監事之間的競合與臺、日人股權變化，說明了公司逐漸為日本財閥獨佔、公司重心轉向內地的過程。進入戰爭時期，1938 年林熊光辭去公司董事長職務後，益子逞輔進一步引入內地財閥參與公司經營，1941 年東京海上保險會社的入股，大成火災已被日本財閥佔據多數股份（大倉財閥 10%、三菱財閥 30%），大成火災雖未被日本內地保險公司合併，但也已被三菱財閥所掌控。1944 年，臺灣總督府為強化戰爭保險業務，在臺日人資本和臺人資本均退出了公司主要的董監事職務，成為財閥的從屬。

至 1943 年，臺人在大成火災的持股已降至 22.9%（表 4-10）。1944 年 8 月，由於臺灣與日本之間的渡航困難，為強化大成火災在兩地間的經營與聯繫，常務董事吉良洋平常駐於臺北總公司。[140] 在臺灣總督府的戰爭動員下，大成火災為推行戰爭保

138 林獻堂，《灌園先生日記》，1949 年 11 月 23 日。
139 李瑗瑗口述，李傳然、連克訪問，連克整理，〈李瑗瑗女士訪問紀錄〉，2013 年 11 月 20 日上午訪談於神奈川縣川崎市ラゾーナ川崎プラザ 1 階丸善 M&C Cafe。
140 大成火災海上保險株式會社編，《五十年の步み：大成火災略史》（東京：大成火

險的普及，以便蒐集更多民間資金支持國家戰爭所需，吉良洋平於 1945 年訂定公司增資計畫，預計增資一倍為資本額 1,000萬（實收資本 250 萬）。[141] 對此林獻堂向其表示：「現時物價騰貴，一般經濟困難，若不能拂込（繳納），何人出為引受（承擔）也？」[142] 吉良洋平則回覆：「若株主（股東）不能拂込（繳納）者，銀行將出為引受（承擔）。」[143] 此次增資計畫於 7 月 20 日的股東會中通過。在增資計畫通過後，大成火災的董事長由新任臺灣拓殖株式會社董事長河田烈繼任，同時任職於臺灣銀行的金子滋雄亦獲選為監察人，[144] 此一人事變遷可能代表股東無力申購的增資股票已由臺灣銀行承買。1945 年 7 月 20 日的股東會，成了戰前最後的股東會，1945 年 8 月 15 日，由於日本內地文件並未齊備，大成火災的增資計畫案和新選董監事的人事案，在尚未完成登記手續的情況下，迎來了終戰。[145]

終戰後在臺灣的大成火災，仍舊繼續營運至 1947 年臺灣產物保險公司成立為止，在此前受到行政長官公署控管。1945 年10 月 5 日，辜振甫來拜訪林獻堂，希望林獻堂接任大成火災董事長、自己擔任專務（原文稱專務，應為常務董事）的公司職務，但遭到林獻堂的反對。[146] 身為大成火災創社董事又長期參與

災海上保險株式會社，1970 年），頁 61、66。

141 大成火災海上保險株式會社編，《五十年の步み：大成火災略史》（東京：大成火災海上保險株式會社，1970 年），頁 66-67。

142 林獻堂，《灌園先生日記》，1945 年 4 月 28 日。

143 林獻堂，《灌園先生日記》，1945 年 5 月 3 日。

144 大成火災海上保險株式會社編，《五十年の步み：大成火災略史》（東京：大成火災海上保險株式會社，1970 年），頁 67。

145 大成火災海上保險株式會社編，《五十年の步み：大成火災略史》（東京：大成火災海上保險株式會社，1970 年），頁 67。

146 林獻堂，《灌園先生日記》，1945 年 10 月 5 日。

公司經營的林獻堂為何反對？這或可從戰後接收保險公司的《行
政長官公署檔案》來看，由於戰爭末期美軍的轟炸，臺灣多處公
家、民間房舍毀損，1945 年終戰後，臺灣的產物保險公司首先
面臨到的，就是大量的保戶理賠問題。由於大成火災是臺灣最重
要的產物保險公司，行政長官公署財政處將全臺產物保險的賠
償、清理事務，統一委託大成火災辦理。[147]

圖 4-13、戰後臺灣產物保險股份有限公司臺北總公司

資料來源：〈臺灣產物保險公司剪影〉，《臺灣畫報》，第 2 卷第 7 期，1947 年，頁 20。

　　1947 年行政長官公署整併臺灣 12 間產物保險公司，成立公
營的「臺灣產物保險股份有限公司」，臺灣產物保險公司營運初
期最大的困難，即是 12 間產物保險公司所留下的龐大債務，由

---

147 〈大成會社承受新舊損害保險契約辦法等送核案〉，《行政長官公署檔案》，國史館
　　臺灣文獻館藏，1946 年 4 月 23 日，典藏號：00312620002002。

於除大成火災外的11間日本產物保險公司總公司均設在日本，日本保險公司在臺灣所收之保險費亦集中於日本，而就算是總公司在臺灣的大成火災，從前述來看，經營重心在戰爭時期也已轉移至東京；總計12間產物保險公司，在臺資產僅24,431,751.08圓，負債達733,789,572.89圓，負債超過資產709,357,821.81圓，其中最大的負債為戰爭保險（佔97%）。因戰爭保險係由日本政府擔保、保險公司代辦之保險，行政長官公署決議應向日本政府追討，剩下的產物保險契約則依據契約人之身分，日本人向日本產物保險公司總公司追討，臺灣人則由臺灣產物保險公司負責辦理保險金之理賠。[148] 從下頁圖4-14戰後大成火災回覆戰爭保險保戶的明信片內文來看，戰爭保險的保險金原是由日本政府擔保臺灣銀行支付，但由於日本政府跟臺灣銀行之間因不明原因無法聯繫，致使融資中斷、理賠停頓，需透過省政府催促日本政府補償後，保險公司方能繼續支付保險金。

從在臺產物保險公司龐大的負債可以看出，終戰時的臺灣產物保險公司資產已被掏空，在臺資產僅有少數動產與不動產（當時的臺灣銀行亦有同樣的情況，戰爭末期臺灣銀行即將大量資金流向東京分行），[149] 在公司經營重心向東京傾斜後，大成火災作為臺灣最大的產物保險公司的狀況應亦嚴重，這樣的一個燙手山芋，林獻堂不欲承接大成火災董事長職務是可想而知的。終戰前夕1945年的增資計畫後，臺人持股更進一步降低至18.6%（表4-10），[150] 81.4%的日人持股經清算後轉為公股，為戰後公營產

148 〈臺灣產物保險公司接收損害保險會社表冊電送案〉，《行政長官公署檔案》，國史館臺灣文獻館藏，1946年11月16-29日，典藏號：00329770005018。
149 吳聰敏，〈臺灣戰後的惡性物價膨脹〉，《國史館學術集刊》，第10期，2006年，頁133。
150 臺灣產物保險股份有限公司編，「大成火災海上保險株式會社清算狀況報告書」，

物保險公司的成立創造了條件。1953 年 5 月 22 日，臺灣省政府
將臺灣產物保險公司所存留之民股以臺灣水泥公司股票進行交換
後，[151] 臺灣產物保險公司便成為了 100% 的公營保險公司，臺灣
人自此完全退出了產物保險公司的經營。

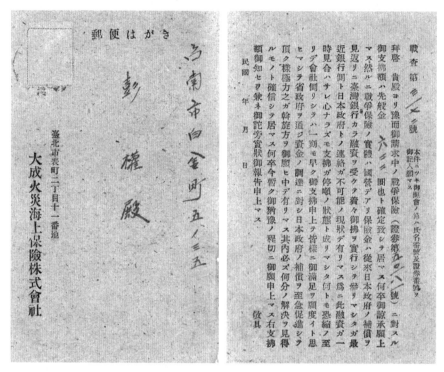

圖 4-14　戰後大成火災海上保險株式會社回覆戰爭保險保戶的明信片
資料來源：筆者自藏。

〈大成火災海上保險株式會社清算案〉，《財政部國有財產局檔案》，國史館藏，典
藏號：045000000079A。
151 〈前大成保險會社民股股金　開始發還　今日開股東會〉，《徵信新聞》，1953 年
5 月 22 日，版 4；〈大成保險會社　民股開始發還〉，《聯合報》，1953 年 5 月 22
日，版 6。

小結

　　作為大正南進期在殖民地臺灣的公司，大成火災雖是臺人資本響應臺灣總督府「南進政策」所誕生的公司之一，但卻因事業的性質和日、臺人的合作，在經營上保有一定的自主性，成為事業範圍橫跨臺灣、日本兩地的保險公司。也因為大成火災在臺灣和日本兩地的彈性經營策略，公司始終保持穩定營收。

　　過往研究者（涂照彥、曾耀鋒），從大成火災的董監事組成和臺、日人股東股權的消長，說明臺人資本從屬於日人資本的過程；其中並未說明在臺日人資本和日本財閥資本的區別，亦未詳述大成火災內部臺、日人董監事之間的競合關係。從 1920 年公司創立的組成來看，大成火災實際上是臺人資本和在臺日人資本共同合作下成立的公司，日本內地財閥初期入股並不多（僅大倉財閥 500 股）。隨著板橋林家林熊光的退出和日本財閥勢力的入股，大成火災的經營重心逐漸向日本內地傾斜，在臺日人資本與臺人資本最終均成為了日本內地財閥資本的從屬。

　　在大成火災過往的董監事人事上，益子逞輔會找臺人李延禧合作成立公司、林熊光亦會推薦日人渡辺源二郎擔任常駐監察人等，均說明大成火災的在臺日人資本與臺人資本，本身其實是既合作又競爭的關係。益子逞輔與林熊光的對立，與其說是民族上的對立，不如說是益子逞輔與板橋林家自 1918 年籌辦華南銀行以來的恩怨之延續。

　　這樣的說法並不是忽視了民族性的問題，實際上，在林獻堂看來，臺人資本與日人資本的合作是總督府鼓勵「內臺融合」的政策使然，不得不遵從，否則無法獲得營業許可。但民族性的競爭、對立並非臺、日人經營公司的唯一結果；臺、日人的合作更應有其商業性的考量。在大成火災營運初期，公司便有向日本內

地經營保險的企圖，在當時臺人股東佔有大成火災 88.4% 股份的結構來看，向日本內地營業應為公司內部臺、日人的共同期望。對臺人來說，和日人合作，有利大成火災打入日本內地保險市場。

　　在財閥勢力的入股和 1945 年的公司增資計畫下，大成火災內部的臺人股份已降至 18.6%，戰後隨著日產清算和民股交換，產物保險成為公營保險公司的獨佔事業，臺灣人完全退出了保險公司的經營。但臺灣人在日治時期的保險經營經驗和資本積累，在 1960 年代政府開放民間設立保險公司（如 1961 年霧峰林家創辦的「明台產物保險公司」）有所延續，臺人資本在戰前和戰後經營保險的發展，尚有待將來進一步研究。

　　另外，由於戰前大成火災在財閥的入股下，經營重心已移往日本內地，戰後的大成火災便於 1950 年 6 月 1 日重組為一家總公司設於日本東京的產物保險公司，公司名仍舊是「大成火災海上保險株式會社」。戰前公司位在日清生命ビルディング四階的東京分公司轉變為總公司，前臺灣拓殖株式會社董事長河田烈擔任董事長、吉良洋平擔任執行董事（專務取締役）。[152] 從大成火災在戰後日本的地址和人事上，均可見戰前結構的延續。此一現象或可開展出一個新的研究課題：戰前與臺灣關係密切的公司（如臺灣拓殖株式會社）在日本的產業，如何延續到戰後？就大成火災戰後在日本的發展來看，仍可在日後進一步研究。

─────────

152 大成火災海上保險株式會社編，《大成火災新會社略史：三十年の步み》（東京：大成火災海上保險株式會社，1980 年），頁 18。

表 4-2、1915-1938 年日本內地海上保險、火災保險事業成績比較表

年度	海上保險				火災保險			
	新增契約數（件）	新增保險金額（日圓）	年末契約數（件）	年末保險金額（日圓）	新增契約數（件）	新增保險金額（日圓）	年末契約數（件）	年末保險金額（日圓）
1915	1,443,853	3,426,590,165	47,055	299,544,210	1,082,380	16,027,818,130	990,283	2,374,545,366
1916	1,684,386	3,753,835,272	63,307	265,792,149	1,224,380	12,367,856,672	1,109,266	1,808,753,759
1917	2,064,961	6,551,130,000	80,927	278,901,000	1,502,551	13,676,948,000	1,328,328	2,235,681,000
1918	2,145,541	6,545,241,000	120,615	515,512,000	2,141,888	7,656,887,000	1,695,057	3,017,374,000
1919	2,846,398	8,557,290,000	262,441	724,054,000	3,881,643	7,638,919,000	3,007,454	4,248,865,000
1920	3,280,183	8,282,269,000	208,748	696,190,000	5,056,839	12,052,873,000	3,631,502	5,742,272,000
1921	2,736,968	5,298,351,000	196,718	529,908,000	5,978,284	10,527,399,000	4,774,319	7,221,007,000
1922	2,803,229	5,152,442,000	263,991	520,359,000	7,282,265	13,152,751,000	6,070,737	9,207,998,000
1923	2,393,029	5,353,237,000	224,905	518,432,000	8,157,650	12,883,196,000	6,786,305	9,553,678,000
1924	2,723,498	5,952,827,000	239,839	534,975,000	10,217,094	15,761,657,000	8,427,422	11,660,476,000
1925	2,899,825	6,702,631,000	277,120	661,635,000	12,231,949	17,698,779,000	10,134,559	13,351,656,000
1926	2,981,428	6,115,342,000	310,228	803,175,000	11,681,429	17,942,022,000	9,883,774	13,928,810,000
1927	3,453,347	6,570,489,000	418,417	972,427,000	13,080,242	19,566,926,000	11,178,939	14,954,690,000
1928	3,820,959	7,124,760,000	517,457	1,166,789,000	14,659,354	20,265,931,000	12,463,245	15,635,339,000
1929	3,952,406	7,152,185,000	575,142	1,316,438,000	17,671,741	22,196,333,000	15,127,092	17,062,355,000
1930	4,158,871	6,473,136,000	707,156	1,338,530,000	18,498,471	22,855,352,000	15,815,125	18,135,844,000
1931	4,437,864	5,962,947,000	773,466	1,359,601,000	17,913,069	21,821,161,000	15,086,303	17,526,420,000
1932	4,509,510	7,044,774,000	805,934	1,619,671,000	18,230,713	23,942,948,000	15,321,736	18,627,406,000

年度	海上保險				火災保險			
	新增契約數（件）	新增保險金額（日圓）	年末契約數（件）	年末保險金額（日圓）	新增契約數（件）	新增保險金額（日圓）	年末契約數（件）	年末保險金額（日圓）
1933	5,140,252	7,874,981,000	884,104	1,796,231,000	20,377,560	27,593,329,000	16,943,563	21,119,623,000
1934	5,983,524	9,676,112,000	975,081	2,056,947,000	20,856,048	28,678,717,000	17,064,927	21,321,758,000
1935	6,470,590	10,543,046,000	1,088,088	2,079,711,000	21,314,830	29,742,490,000	18,023,182	22,223,679,000
1936	6,838,623	10,906,507,000	1,270,885	2,387,322,000	21,301,471	30,041,467,000	18,305,746	22,286,504,000
1937	6,793,531	13,326,855,000	1,284,529	2,865,262,000	21,378,750	31,860,709,000	18,042,103	22,790,755,000
1938	7,182,396	14,434,316,000	1,599,168	3,447,604,000	25,580,648	35,657,513,000	21,831,149	26,054,153,000

資料來源：

1.《商工省統計表》：
商工大臣官房統計課編，《第一次商工省統計表》（大正 13 年）（東京：東京統計協会，1925 年），頁 150-153。
商工大臣官房統計課編，《第二次商工省統計表》（大正 14 年）（東京：東京統計協会，1927 年），頁 224-227。
商工大臣官房統計課編，《第三次商工省統計表》（昭和元年）（東京：東京統計協会，1927 年），頁 166-169。
商工大臣官房統計課編，《第四次商工省統計表》（昭和 2 年）（東京：東京統計協会，1928 年），頁 166-169。
商工大臣官房統計課編，《第五次商工省統計表》（昭和 3 年）（東京：東京統計協会，1929 年），頁 166-169。
商工大臣官房統計課編，《第六次商工省統計表》（昭和 4 年）（東京：東京統計協会，1930 年），頁 166-169。
商工大臣官房統計課編，《第七次商工省統計表》（昭和 5 年）（東京：東京統計協会，1931 年），頁 164-165。
商工大臣官房統計課編，《第八次商工省統計表》（昭和 6 年）（東京：東京統計協会，1932 年），頁 166-167。
商工大臣官房統計課編，《第九次商工省統計表》（昭和 7 年）（東京：東京統計協会，1933 年），頁 160-161。
商工大臣官房統計課編，《第十次商工省統計表》（昭和 8 年）（東京：東京統計協会，1934 年），頁 164-165。
商工大臣官房統計課編，《第十一次商工省統計表》（昭和 9 年）（東京：東京統計協会，1935 年），頁 164-165。
商工大臣官房統計課編，《第十二次商工省統計表》（昭和 10 年）（東京：東京統計協会，1936 年），頁 166-167。
商工大臣官房統計課編，《第十三次商工省統計表》（昭和 11 年）（東京：東京統計協会，1937 年），頁 166-167。
商工大臣官房統計課編，《第十四次商工省統計表》（昭和 12 年）（東京：東京統計協会，1938 年），頁 136-137。

商工大臣官房統計課編，《第十五次商工省統計表》（昭和 13 年）（東京：東京統計協会，1939 年），頁 136-137。

2. 《日本保險年鑑》：

三浦義道編，《日本保險年鑑》（昭和 3 年）（東京：巖松堂書店，1928 年），頁 8-9。

三浦義道編，《日本保險年鑑》（昭和 4 年）（東京：日本保險年鑑發行所，1929 年），頁 4-5。

三浦義道編，《日本保險年鑑》（昭和 6、7 年）（東京：日本保險年鑑發行所，1932 年），頁 8-9。

三浦義道編，《日本保險年鑑》（昭和 8、9 年）（東京：日本保險年鑑發行所，1934 年），頁 8-9。

表4-3、1914-1945年臺灣海上保險、火災保險事業成績比較表

年度	海上保險					火災保險				
	公司數	新增契約數（件）	新增保險金額（日圓）	年末契約數（件）	年末保險金額（日圓）	公司數	新增契約數（件）	新增保險金額（日圓）	年末契約數（件）	年末保險金額（日圓）
1914	4	3,974	36,420,573	128	313,263	10	3,950	33,315,040	3,496	21,155,473
1915	5	5,906	46,310,618	205	1,878,209	10	5,601	46,073,080	4,580	26,499,995
1916	6	7,044	55,691,959	266	2,993,943	10	6,546	52,957,922	5,140	30,753,052
1917	6	6,377	69,723,841	219	4,263,240	10	13,513	75,610,159	5,882	35,683,531
1918	7	6,585	79,512,726	165	2,409,450	10	14,669	89,977,310	6,525	42,349,280
1919	9	7,265	104,263,788	384	5,082,428	13	12,483	124,226,394	7,196	55,443,962
1920	11	6,871	110,740,468	276	2,129,631	17	14,267	206,204,797	8,947	79,095,326
1921	11	7,920	71,929,612	291	2,073,878	17	19,380	191,639,216	11,305	99,110,843
1922	12	9,448	87,915,473	250	1,723,312	20	20,936	192,708,794	14,073	127,067,153
1923	13	9,869	88,716,814	268	2,867,333	20	19,235	180,937,744	13,665	139,103,271
1924	13	15,260	126,711,897	936	9,288,739	22	20,698	203,502,165	14,934	147,681,147
1925	13	19,982	159,137,158	572	3,449,925	22	19,991	209,560,154	16,073	160,851,600
1926	12	20,582	159,259,988	628	3,037,783	22	25,332	275,850,199	19,432	176,745,601
1927	13	24,507	156,530,046	584	3,279,566	22	26,952	278,643,451	22,336	192,079,842
1928	13	20,678	149,334,345	611	6,196,464	24	30,928	340,686,081	25,231	221,151,280
1929	13	22,350	157,520,680	488	4,384,898	25	23,409	381,054,045	31,448	254,579,872
1930	15	18,335	119,424,176	685	2,211,692	29	48,980	381,983,592	40,748	277,342,259
1931	15	22,384	91,087,782	1,291	3,635,223	29	51,267	394,940,778	42,362	283,939,256
1932	15	24,288	114,539,489	2,692	12,258,077	31	53,939	402,961,466	45,290	288,645,895

年度	海上保險					火災保險				
	公司數	新增契約數（件）	新增保險金額（日圓）	年末契約數（件）	年末保險金額（日圓）	公司數	新增契約數（件）	新增保險金額（日圓）	年末契約數（件）	年末保險金額（日圓）
1933	15	26,660	132,095,990	3,082	12,108,678	31	62,566	422,155,353	52,073	328,547,974
1934	15	33,680	149,737,523	4,467	20,895,546	31	69,482	471,693,419	60,417	366,947,658
1935	14	30,224	170,093,245	2,699	16,466,297	32	82,405	633,011,741	76,504	406,444,068
1936	26	37,909	197,248,759	3,335	15,535,145	33	88,177	744,738,172	73,571	447,423,778
1937	23	42,315	222,129,912	3,452	31,281,931	33	89,337	916,292,585	77,670	501,731,441
1938	22	36,304	277,038,314	3,019	20,775,773	33	100,401	788,915,922	89,582	577,133,469
1939	22	37,988	299,007,354	2,577	25,275,714	32	135,830	1,007,638,108	117,292	694,485,088
1940	22	33,802	349,363,200	2,508	30,091,184	31	241,453	1,317,014,874	218,661	884,881,619
1941	22	13,477	264,817,692	—	264,717,254	31	41,266	735,944,511	—	735,283,197
1942	—	14,118	269,685,327	—	269,025,422	—	41,904	928,900,854	—	926,885,399
1943	—	15,770	250,871,047	—	249,195,686	—	61,572	1,457,243,735	—	1,456,193,653
1944	—	12,002	297,805,885	—	295,978,381	—	81,614	2,607,524,689	—	2,606,045,470
1945	—	2,181	66,675,013	—	65,612,107	—	84,213	2,788,485,152	—	2,785,424,109

資料來源：

1.《臺灣商工統計》、《臺灣商業統計》：

臺灣總督府殖產局商工課編，《第一次臺灣商工統計》（臺北：臺灣總督府殖產局商工課，1922年），頁18。

臺灣總督府殖產局商工課編，《第二次臺灣商工統計》（臺北：臺灣總督府殖產局商工課，1923年），頁18。

臺灣總督府殖產局商工課編，《第三次臺灣商工統計》（臺北：臺灣總督府殖產局商工課，1924年），頁20。

臺灣總督府殖產局商工課編，《第四次臺灣商工統計》（臺北：臺灣總督府殖產局商工課，1926年），頁26。

臺灣總督府殖產局商工課編，《第五次臺灣商工統計》（臺北：臺灣總督府殖產局商工課，1926年），頁26。

臺灣總督府殖產局商工課編，《第六次臺灣商工統計》（臺北：臺灣總督府殖產局商工課，1928年），頁27。

臺灣總督府殖產局商工課編，《第七次臺灣商工統計》（臺北：臺灣總督府殖產局商工課，1929 年），頁 31。

臺灣總督府殖產局商工課編，《第八次臺灣商工統計》（臺北：臺灣總督府殖產局商工課，1930 年），頁 31。

臺灣總督府殖產局商工課編，《第九次臺灣商工統計》（臺北：臺灣總督府殖產局商工課，1931 年），頁 55。

臺灣總督府殖產局商工課編，《第十次臺灣商工統計》（臺北：臺灣總督府殖產局商工課，1932 年），頁 76-77。

臺灣總督府殖產局商工課編，《第十一次臺灣商工統計》（臺北：臺灣總督府殖產局商工課，1933 年），頁 86-87。

臺灣總督府殖產局商工課編，《第十二次臺灣商工統計》（臺北：臺灣總督府殖產局商工課，1934 年），頁 100-101。

臺灣總督府殖產局商工課編，《第十三次臺灣商工統計》（臺北：臺灣總督府殖產局商工課，1935 年），頁 102-103。

臺灣總督府殖產局商工課編，《第十四次臺灣商工統計》（臺北：臺灣總督府殖產局商工課，1936 年），頁 102-103。

臺灣總督府殖產局商工課編，《第十五次臺灣商工統計》（臺北：臺灣總督府殖產局商工課，1937 年），頁 118-119。

臺灣總督府殖產局商工課編，《第十六次臺灣商工統計》（臺北：臺灣總督府殖產局商工課，1938 年），頁 140-141。

臺灣總督府殖產局商工課編，《第十七次臺灣商工統計》（臺北：臺灣總督府殖產局商工課，1939 年），頁 108-111。

臺灣總督府殖產局商工課編，《第十八次臺灣商工統計》（臺北：臺灣總督府殖產局商工課，1940 年），頁 128-131。

臺灣總督府殖產局商工課編，《第十九次臺灣商工統計》（臺北：臺灣總督府殖產局商工課，1941 年），頁 116-119。

臺灣總督府殖產局商工課編，《第二十次臺灣商工統計》（臺北：臺灣總督府殖產局商工課，1942 年），頁 118-121。

臺灣總督府殖產局商工課編，《第二十一次臺灣商業統計》（臺北：臺灣總督府殖產局商工課，1943 年），頁 32-35。

2. 臺灣省行政長官公署統計室編，《臺灣省五十一年來統計提要》（臺北：臺灣省行政長官公署統計室，1946 年），頁 1122-1123。

表 4-4、1917-1940 年臺灣主要火災保險公司事業成績、大成火災海上保險株式會社市佔率比較表

月末總契約保險金額（日圓）

公司名	1917年		1918年			1919年	1920年		1921年	
時間	1月	12月	3月	4月	8月	5月	4月	5月	10月	12月
大成火災								885,300	11,353,973	12,389,183
東京火災	7,621,082	8,187,182	8,758,640	8,771,777	8,224,711	11,015,534	12,570,611	11,167,785	11,541,089	11,581,590
共同火災	5,147,764	6,559,430	6,624,404	8,308,049	8,121,496	15,890,709	12,783,777	11,164,410	11,331,212	12,207,120
大正海上火災							345,802	389,402	1,290,429	1,258,429
三菱海上火災									2,542,924	2,496,129
日本海上								—	1,904,600	2,157,200
帝國火災										
帝國海上火災							2,183,154	1,999,454	1,028,560	821,158
明治火災	5,484,694	5,642,494	6,164,584	6,237,488	5,408,139	6,184,075	9,073,844	7,310,785	8,365,680	8,924,448
橫濱火災	3,229,926	3,917,510	3,933,137	4,537,862	4,454,450	4,473,671	6,091,106	6,463,728	5,596,780	5,983,044
日本火災	3,675,524	3,862,852	4,272,050	4,232,850	4,639,517	5,214,353	5,362,819	6,455,386	7,174,110	6,516,400
千代田火災	1,914,364	3,083,532	3,676,877	4,045,713	3,646,429	5,654,226	8,978,893	8,679,317	8,428,510	8,850,799
神戶海上火災	2,090,073	2,679,017	2,381,986	2,326,676	2,846,899	2,646,328	3,829,057	3,518,951	5,866,292	6,338,149
豐國火災	1,419,504	1,609,993	1,682,393	1,797,696	2,215,670	3,053,965	4,412,265	4,595,415	4,826,815	4,616,295
扶桑海上								—	160,507	160,507
日本共立						108,100	1,294,620	1,971,316	8,890,564	9,400,337
大阪海上火災	23,400	8,600	14,000	14,000	199,500	823,611	2,658,924	2,628,424	2,915,249	2,873,464
太平洋火災										
太平火災									704,890	761,290
其他會社總合	142,721	132,921	123,721	125,221	42,000	232,200	1,893,375	1,901,850	1,940,280	1,775,301
總計	30,749,052	35,683,531	37,631,792	40,397,332	39,798,811	55,296,772	71,478,247	69,131,523	95,862,464	99,110,843
公司總數 *	10	10	10	10	10	11	14	17	19	19
大成火災市佔率								1.3%	11.8%	12.5%

月末總契約保險金額（日圓）

公司名＼時間	1922年 10月	1923年 4月	1923年 5月	1926年 12月	1927年 9月	1927年 11月	1928年 2月	1928年 3月	1929年 5月
大成火災	20,654,547	16,585,168	17,476,359	36,686,113	39,490,075	40,030,000	41,026,169	41,044,780	47,896,174
東京火災	12,333,781	12,373,170	13,059,470	17,270,612	18,044,716	17,801,000	18,735,711	19,483,251	22,270,087
共同火災	15,028,845	15,011,512	15,593,717	17,691,962	18,113,066	18,767,000	17,075,517	19,087,960	21,270,483
大正海上火災	1,850,539	4,328,349	4,399,980	6,773,334	10,415,339	10,461,000	—	—	12,959,603
三菱海上火災	2,953,915	3,017,618	3,096,380	7,530,415	11,265,597	10,743,000	—	10,620,037	11,920,561
日本海上	3,724,720	4,217,841	4,195,111	7,470,056	—	10,314,000	10,296,739	10,184,366	11,065,188
帝國火災	3,089,460	3,247,200	3,741,500	7,644,939	11,113,734	9,941,000	—	11,291,528	—
帝國海上火災	2,222,380	2,509,881	2,539,781	1,354,509	—	1,526,000	10,109,713	—	—
明治火災	9,593,307	11,526,498	10,477,357	13,758,495	13,010,621	13,274,000	14,713,894	15,608,531	16,663,490
橫濱火災	5,690,388	5,136,025	5,255,523	5,470,508	—	6,393,000	—	—	—
日本火災	7,161,108	7,814,166	8,395,789	9,035,288	—	9,990,000	—	10,656,268	11,906,683
千代田火災	9,737,139	8,680,698	9,207,019	13,293,650	14,736,736	14,611,000	15,118,577	13,716,657	17,683,236
神戶海上火災	7,301,119	8,369,518	8,335,658	11,631,128	13,760,281	13,617,000	14,178,575	13,229,812	14,570,924
豐國火災	5,186,810	5,345,095	5,374,843	5,185,105	—	5,527,000	—	—	—
扶桑海上	160,507	160,507	160,507	136,421	—	136,000	—	—	—
日本共立	12,517,042	11,064,992	11,233,871	1,721,192	—	1,396,000	—	—	—
大阪海上火災	2,664,880	3,031,429	2,976,617	7,261,102	—	5,982,000	—	—	—
太平洋火災	—	—	—	—	—	638,000	—	—	—
太平火災	1,013,190	1,888,868	1,872,368	2,178,973	—	2,084,000	—	—	—
其他會社	755,305	797,736	675,236	4,651,799	—	4,118,000	—	—	—
總計	123,638,982	125,106,271	128,067,086	176,745,601	196,494,569	197,349,000	198,084,546	203,147,587	240,829,147
公司總數*	20	20	20	22	22	24	24	24	25
大成火災市佔率	16.7%	13.3%	13.6%	20.8%	20.1%	20.3%	20.7%	20.2%	19.9%

月末總契約保險金額（日圓）

時間 公司名	1930年 8月	1930年 10月	1931年 6月	1932年 1月	1932年 9月	1933年 10月	1935年 1月	1935年 12月
大成火災	52,072,185	52,522,354	54,130,595	54,889,435	57,124,000	63,412,000	70,712,000	72,530,000
東京火災	23,873,956	24,532,546	28,106,550	27,988,456	32,053,000	33,163,000	42,671,000	47,303,000
共同火災	21,147,446	21,597,547	25,882,069	21,439,264	21,277,000	21,890,000	24,183,000	30,339,000
大正海上火災	15,377,962	—	13,734,606	16,040,487	14,458,000	17,537,000	17,258,000	19,712,000
三菱海上火災	10,655,513	—	13,696,413	15,282,910	14,403,000	19,416,000	19,478,000	24,675,000
日本海上	13,941,299	—	12,235,320	13,570,390	13,846,000	14,939,000	15,904,000	17,823,000
帝國火災	12,833,576	—	12,643,289	12,774,636	17,279,000	15,160,000	16,351,000	18,215,000
帝國海上火災	15,259,814	—	4,169,191	4,456,541	4,748,000	4,600,000	8,598,000	11,866,000
明治火災	—	—	17,530,226	14,725,807	13,807,000	13,695,000	10,795,000	10,670,000
橫濱火災	—	—	8,493,272	8,914,872	8,926,000	8,860,000	8,395,000	8,692,000
日本火災	18,253,588	—	15,212,976	15,088,527	7,307,000	11,708,000	12,492,000	10,907,000
千代田火災	20,169,045	20,297,656	20,277,219	20,174,332	19,109,000	20,883,000	25,997,000	28,218,000
神戶海上火災	16,489,439	—	16,262,361	17,087,982	15,008,000	13,210,000	12,488,000	12,710,000
豐國火災	—	—	7,020,158	7,019,306	6,641,000	6,246,000	5,985,000	6,370,000
扶桑海上	—	—	107,582	107,582	140,000	1,732,000	8,482,000	10,721,000
日本共立	—	—	4,107,049	4,059,549	4,093,000	5,605,000	8,522,000	6,308,000
大阪海上火災	—	—	10,527,884	9,580,777	8,490,000	9,282,000	9,500,000	10,305,000
太平洋火災	—	—	5,715,813	6,087,918	7,155,000	10,453,000	12,028,000	11,953,000
太平火災	—	—	3,517,921	3,333,838	3,214,000	1,801,000	2,772,000	6,693,000
其他會社總合	—	—	19,797,436	19,947,352	19,573,000	28,785,000	36,481,000	37,874,000
總計	275,311,933	282,741,721	293,167,930	292,569,961	288,651,000	322,377,000	369,092,000	403,884,000
公司總數 *	29	29	29	29	28	31	30	30
大成火災市佔率	18.9%	18.6%	18.5%	18.8%	19.8%	19.7%	19.2%	18%

月末總契約保險金額（日圓）

公司名	1936年 2月	1936年 6月	1937年 10月	1938年 4月	1938年 12月	1939年 5月	1939年 10月	1940年 4月	1940年 11月
大成火災	73,197,465	71,979,000	78,474,000	80,524,000	84,598,000	83,580,000	85,861,000	89,223,000	93,459,000
東京火災	45,547,594	44,335,000	45,882,000	46,540,000	51,544,000	52,082,000	55,959,000	58,127,000	63,925,000
共同火災	32,530,192	29,957,000	34,818,000	42,521,000	47,421,000	56,819,000	72,890,000	82,781,000	109,537,000
大正海上火災	19,708,652	21,591,000	26,484,000	29,604,000	31,172,000	33,260,000	41,638,000	42,254,000	46,580,000
三菱海上火災	25,119,653	25,497,000	34,511,000	34,621,000	37,834,000	37,177,000	39,631,000	42,604,000	48,955,000
日本海上	18,408,662	18,047,000	20,908,000	18,616,000	17,560,000	13,845,000	18,688,000	19,645,000	22,496,000
帝國火災	18,373,687	19,381,000	19,947,000	22,042,000	19,235,000	20,984,000	35,311,000	37,393,000	40,180,000
帝國海上火災	11,258,813	12,948,000	16,054,000	14,931,000	16,403,000	17,400,000	19,460,000	20,241,000	21,669,000
明治火災	10,233,992	9,530,000	10,319,000	10,167,000	12,084,000	15,547,000	19,908,000	14,965,000	25,260,000
橫濱火災	8,317,561	8,817,000	11,952,000	11,923,000	13,031,000	12,176,000	11,860,000	15,592,000	17,995,000
日本火災	11,087,508	11,909,000	11,887,000	13,892,000	13,809,000	15,362,000	17,118,000	14,713,000	23,468,000
千代田火災	27,239,090	28,293,000	29,356,000	29,869,000	32,495,000	34,951,000	37,562,000	48,197,000	55,621,000
神戶海上火災	12,065,715	13,858,000	16,927,000	15,645,000	16,431,000	18,138,000	22,730,000	19,108,000	23,796,000
豐國火災	6,249,128	6,486,000	6,738,000	7,065,000	7,822,000	8,350,000	9,172,000	10,683,000	12,742,000
扶桑海上	10,549,807	9,734,000	13,498,000	15,746,000	16,567,000	20,673,000	22,187,000	22,523,000	29,476,000
日本共立	6,609,213	5,752,000	6,605,000	10,083,000	8,689,000	8,452,000	9,302,000	9,367,000	9,388,000
大阪海上火災	11,015,999	13,700,000	22,091,000	19,353,000	24,350,000	21,020,000	23,917,000	24,207,000	32,080,000
太平洋火災	11,420,683	11,006,000	10,625,000	11,418,000	13,260,000	16,276,000	18,998,000	18,728,000	20,199,000
太平火災	6,931,927	7,407,000	12,779,000	13,844,000	19,508,000	20,482,000	22,024,000	29,457,000	28,326,000
其他會社總合	39,452,423	51,857,000	67,424,000	76,111,000	92,990,000	107,298,000	121,673,000	134,648,000	157,770,000
總計	405,317,764	422,084,000	497,279,000	524,515,000	576,803,000	613,872,000	705,889,000	754,456,000	882,922,000
公司總數*	31	31	32	32	32	31	31	31	31
大成火災市佔率	18.1%	17.1%	15.8%	15.4%	14.7%	13.6%	12.1%	11.8%	10.6%

※ 空白表示該公司尚無在臺營業，「──」表示該公司已營業但無事業成績紀錄。

＊ 公司總數依據資料之記載，如未計全部公司者，則依據該年度《臺灣商工統計》之記載。

資料來源：

1.《臺灣日日新報》：

〈保險事業概況〉，《臺灣日日新報》，1917 年 2 月 20 日，版 3。

〈火災保險成績〉，《臺灣日日新報》，1918 年 4 月 12 日，版 3。

〈火災海上成績〉，《臺灣日日新報》，1918 年 6 月 29 日，版 3。

〈火災海上成績〉，《臺灣日日新報》，1918 年 6 月 30 日，版 2。

〈兩保險の成績〉，《臺灣日日新報》，1918 年 11 月 2 日，版 2。

〈保險事業成績〉，《臺灣日日新報》，1919 年 8 月 2 日，版 2。

〈保險事業成績〉，《臺灣日日新報》，1920 年 10 月 29 日，版 2。

〈火災海上保險〉，《臺灣日日新報》，1920 年 11 月 22 日，版 2。

〈火災海上保險〉，《臺灣日日新報》，1922 年 2 月 5 日，版 2。

〈保險事業成績〉，《臺灣日日新報》，1922 年 4 月 26 日，版 2。

〈回復の兆ある保險界　昨年十月迄の各社の成績〉，《臺灣日日新報》，1923 年 2 月 21 日，版 2。

〈火災海上保險〉，《臺灣日日新報》，1923 年 9 月 30 日，版 3。

〈保險事業成績〉，《臺灣日日新報》，1923 年 10 月 15 日，版 2。

〈昨年末の保險成績〉，《臺灣日日新報》，1927 年 4 月 21 日，版 3。

〈保險事業成績良好〉，《臺灣日日新報》，1927 年 12 月 10 日，版 2。

〈保險事業好調〉，《臺灣日日新報》，1928 年 5 月 28 日，版 2。

〈火災海上保險〉，《臺灣日日新報》，1928 年 6 月 19 日，版 2。

〈火災海上保險〉，《臺灣日日新報》，1929 年 9 月 29 日，版 3。

〈八月末迄の本島保險事業成績　殖產局商工課調查〉，《臺灣日日新報》，1930 年 11 月 19 日，版 3。

〈本島の保險成績〉，《臺灣日日新報》，1931 年 1 月 10 日，版 3。

〈保險成績〉，《臺灣日日新報》，1931 年 10 月 23 日，版 5。

〈火災保險事業〉，《臺灣日日新報》，1932 年 1 月 31 日，版 5。

〈島內保險〉，《臺灣日日新報》，1932 年 12 月 12 日，版 3。

〈島內契約火災保險成績〉，《臺灣日日新報》，1934 年 3 月 12 日，版 3。

〈島內契約の火災保險〉，《臺灣日日新報》，1935 年 4 月 26 日，版 5。

〈島內契約の火災保險現在高〉，《臺灣日日新報》，1936 年 3 月 28 日，版 3。

〈島內契約の火災保險事業〉，《臺灣日日新報》，1936 年 5 月 22 日，版 3。

〈島內契約の火災保險〉，《臺灣日日新報》，1936 年 10 月 30 日，版 3。

〈島內契約の火保現況〉，《臺灣日日新報》，1938 年 2 月 24 日，版 2。

〈島內契約火保現況〉，《臺灣日日新報》，1938 年 7 月 30 日，版 2。

〈昨年末の本島火保〉，《臺灣日日新報》，1939 年 5 月 9 日，版 2。

〈本島火保〉，《臺灣日日新報》，1939 年 8 月 8 日，版 2。

〈本島火保〉，《臺灣日日新報》，夕刊，1940 年 2 月 1 日，版 4。

〈島內保險島內契約概況〉，《臺灣日日新報》，1940 年 7 月 10 日，版 3。

〈火災保險島內契約概況〉，《臺灣日日新報》，1941 年 3 月 15 日，版 2。

2. 杉浦和作，《臺灣會社銀行錄》（第 9 版）（臺北：臺灣實業興信所，1928 年），頁 253。

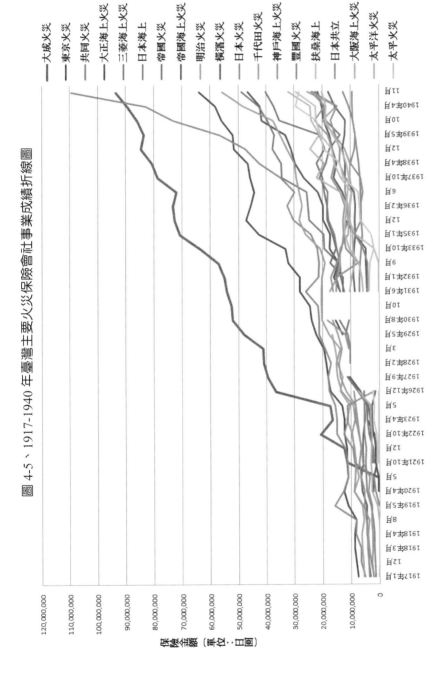

圖 4-5、1917-1940 年臺灣主要火災保險會社事業成績折線圖

資料來源：表 4-4 資料製成。

表 4-6、1920-1944 年大成火災火災海上保險株式會社事業成績一覽表

年度	分紅	盈餘（日圓）	保險費收入（日圓）	支付保險金（日圓）	增加責任準備金（日圓）	累計責任準備金（日圓）	契約數（件）	年末保險金額（日圓）	備註
1920	無	36,999.96	17,951.33	66.80	7,563.35	7,563.35	543	5,005,214.91	僅統計4月1日～12月31日
1921	無	57,670.08	36,556.17	16,818.39	28,992.65	36,556.00	1,404	12,389,183.77	
1922	4%	92,820.07	70,795.98	11,263.40	33,171.84	69,727.84	2,468	21,503,443.21	5月1日開始在日本營業
1923	4%	73,705.96	237,025.34	9,004.83	78,108.70	147,836.54	7,352	39,413,479.38	關東大震災慰問金45,223.16圓
1924	5%	84,915.72	1,384,965.94	198,907.97	214,322.07	362,158.61	44,383	151,321,221.69	
1925	5.6%	93,141.15	1,772,234.06	938,486.19	88,012.22	450,170.83	66,204	216,470,605.04	
1926	6%	106,680.96	1,667,277.88	672,644.98	56,122.46	506,293.29	68,456	224,389,588.71	
1927	6%	107,221.44	1,601,771.77	624,794.71	35,478.96	541,772.25	66,877	227,137,511.24	
1928	6%	108,601.81	1,641,375.75	580,468.57	89,000.00	630,772.25	67,242	232,601,787.28	
1929	6%	118,554.72	1,676,963.05	608,957.93	70,227.75	701,000.00	75,699	260,134,712.84	
1930	6%	220,394.47	1,666,891.63	500,357.01	76,000.00	777,000.00	79,125	269,342,002.69	
1931	6%	123,004.34	1,595,836.83	519,776.86	83,000.00	860,000.00	83,923	274,820,366.18	
1932	7.2%	171,606.19	1,835,595.46	582,744.42	100,000.00	960,000.00	107,613	328,725,870.89	
1933	7.2%	184,732.03	1,904,183.95	408,483.02	100,000.00	1,060,000.00	120,393	350,353,332.53	
1934	無	-90,509.21	2,103,384.75	1,833,161.17	-280,000.00	780,000.00	135,896	392,951,626.91	函館大火支付保險金
1935	無	15,643.00	2,003,992.82	695,006.43	0.00	780,000.00	133,362	389,602,630.89	1,072,700圓，損失準
1936	無	41,892.53	2,407,332.91	748,755.31	160,000.00	940,000.00	152,683	442,903,219.50	備金分三年補足。
1937	4%	106,983.10	2,301,437.07	665,678.90	60,000.00	1,000,000.00	150,333	453,456,784.90	

年度	分紅	盈餘（日圓）	保險費收入（日圓）	支付保險金（日圓）	增加責任準備金（日圓）	累計責任準備金（日圓）	契約數（件）	年末保險金額（日圓）	備註
1938	5.04%	130,609.34	2,321,176.04	611,940.96	100,000.00	1,100,000.00	146,962	462,963,923.97	
1939	4%	108,008.79	2,739,439.50	1,007,896.64	250,000.00	1,350,000.00	191,180	545,871,052.29	
1940	無	40,779.36	3,591,735.18	1,953,827.91	130,000.00	1,480,000.00	1,366,834	793,421,666.18	靜岡大火支付保險金50萬餘圓
1941	4%	129,943.41	4,674,700.21	1,371,500.33	437,847.22	1,917,847.22	4,855,702	1,233,210,861.00	
1942	5.04%	173,532.88	6,155,039.60	2,059,436.38	1,027,152.78	2,945,000.00	7,520,474	1,605,326,131.58	
1943	5.04%	193,493.18	8,584,210.08	3,485,304.61	1,110,000.00	4,055,000.00	7,804,867	2,103,711,982.95	
1944	1.28%	68,822.78	2,592,433.52	1,094,783.92	475,000.00	4,530,000.00	7,918,463	2,326,803,596.05	僅統計1月1日～3月31日

資料來源：大成火災海上保險株式會社編，「第一～二十五回事業報告書」（大正9年～昭和19年），「企業史料統合データベース」：https://j-dac.jp/bao（2017/3/3 點閱），企業 ID：2929601。

表 4-11、林獻堂《灌園先生日記》中參與大成火災火災海上保險株式會社董監事會、股東會紀錄表

編號	日記日期	會議日期	性質	地點	決議事項／開會前後事項	出席與會人／未出席
01	1927年2月1日	2月9日	董監事會	臺北總公司	事務員三戶國太郎帶林熊光來信前來，通知9日務必出席在臺北的董監事會。	一
02	1927年2月9日	2月9日	董監事會	臺北總公司	年獲利16萬餘圓，林獻堂提議年分紅由5分6厘增為6分，獲得贊成。	董事林熊光、陳振能，監察人吳澄淇、蔡法平。
03	1931年2月5日	2月5日	董監事會	臺北總公司	年獲利12萬餘圓，年分紅6分。	董事林熊光、林履信、李延禧，監察人吳澄淇、蔡法平。
04	1932年2月3日	2月3日	董監事會	臺北總公司	林獻堂質問東京分公司年開銷35萬圓過，年分紅6分。	董事林熊光、顏國年、陳振能，監察人陳啟貞、蔡法平，吳澄淇。
05	1932年10月31日	10月31日	董監事會	臺北總公司	報告營業狀況、決議貸予綠西生1萬圓，承認東京分公司移轉，表示往後分公司移轉之事應先經董監事會決議。	董事林熊光、陳振能，林履信、吳澄淇。
06	1933年2月28日	2月28日	股東會	臺北鐵道ホテル	董監事報酬15,000圓以下改為30,000圓以下；增選赤司初太郎、安保忠毅為董事，年分紅7分2厘。	董事益子逞輔、林熊光、林履信、陳振能、顏國年，監察人吳澄淇及股東計10餘人。
07	1933年3月1日	3月1日	董監事會	臺北總公司	選林熊光為董事長；本期董監事報酬12,000圓，較前期增4,000圓。	董事益子逞輔、林熊光、林履信、陳振能、顏國年，監察人吳澄淇、保忠毅。

編號	日記日期	會議日期	性質	地點	決議事項／開會前後事項	出席與會人／未出席
08	1933年4月16日	4月17日	董監事會	臺北總公司	林熊光來訪，說明明日董事會要點。	一
09	1933年4月17日	4月17日	董監事會	臺北總公司	報告營業狀況；協議臺灣董監事會與東京董監事會之聯絡；決議錄用社印或個人之印。	董事林熊光、顏國年、陳振能、赤司初太郎、安保忠毅，監察人吳澄淇。
10	1934年3月31日	3月31日	董監事會	東京分公司日清生命ビルディング四階	函館大火損失92萬餘圓。	董事益子逞輔、赤司初太郎、安保忠毅、佐佐木勇太郎、門野重九郎、李延禧，監察人齋藤豊次郎。
11	1937年6月23日	6月23日	董監事會	東京分公司日清生命ビルディング四階	因火災較少，公司5、6月收入頗有增加。中元獎金，如去年45元之額。	董事林熊光、益子逞輔、赤司初太郎、渡辺源二郎、佐佐木勇太郎、李延禧，監察人齋藤豊次郎。
12	1937年10月20日	10月20日	董監事會	東京分公司日清生命ビルディング四階	9月營業之狀況及職員退休慰勞金。	董事益子逞輔、赤司初太郎、渡辺源二郎、佐佐木勇太郎，監察人齋藤豊次郎。
13	1937年11月20日	11月20日	董監事會	東京分公司日清生命ビルディング四階	10月之成績，比預定減少甚多。推薦楊紹勳入公司任職。	董事林熊光、益子逞輔、渡辺源二郎、佐佐木勇太郎、門野重九郎、李延禧，監察人齋藤豊次郎。

編號	日記日期	會議日期	性質	地點	決議事項／開會前後事項	出席與會人／未出席
14	1937年12月17日	12月17日	董監事會	東京分公司日清生命ビルディング四階	11：12月營業之狀況。年分紅。自1934年函館大火以來首度又有年分紅。	董事林熊光、益子逞輔、赤司初太郎、渡辺源二郎、佐木勇太郎、門野重九郎、李延禧、監察人齋藤豐次郎。
15	1938年1月17日	1月18日	董監事會	東京分公司日清生命ビルディング四階	益子逞輔主使職員們在13日經理人會議中逼迫林熊光辭退董事長，赤司初太郎將於18日董監事會調停比事。	一
16	1938年1月18日	1月18日	董監事會	東京分公司日清生命ビルディング四階	一	益子逞輔特來邀請林獻堂加今日董監事會。林獻堂昨日先已答應，礙於難以發言，辭之。
17	1938年1月26日	1月26日	董監事會	東京分公司日清生命ビルディング四階	一	原定21日之董監事會延至26日，又再無限延期。
18	1938年1月28日	1月28日	董監事會	東京分公司日清生命ビルディング四階	益子逞輔報告本期結算及年分紅4分（本預定5分，因從商工省意見減1分）。赤司初太郎調停止，益子逞輔、渡辺源二郎之事。糾紛暫質問。此事渡辺源二郎亦遭職員們質問。	董事益子逞輔、赤司初太郎、渡辺源二郎、佐木勇太郎、監察人齋藤豐次郎。
19	1938年3月1日	2月28日	股東會	臺北鐵道ホテル	董事長林熊光、常務董事益子逞輔和董事林獻堂皆再選重任。	林獻堂在東京接獲電報，並未出席公司在臺股東會。

編號	日記日期	會議日期	性質	地點	決議事項／開會前後事項	出席與闕人／未出席
20	1938年3月16日	3月16日	董監事會	東京分公司日清生命ビルディング四階	2月28日臺北股東會決議，董監事重任；2月營業之狀況。決議國防獻金5,000圓、顏國年奠儀3,000圓。	董事益子逞輔、赤司初太郎、渡辺源二郎、佐佐木勇太郎。
21	1938年4月20日	4月20日	董監事會	東京分公司日清生命ビルディング四階	3月營業之狀況。	董事益子逞輔、赤司初太郎、渡辺源二郎、李延禧。
22	1938年5月20日	5月20日	董監事會	東京分公司日清生命ビルディング四階	—	林熊光和赤司初太郎均不出席，林獻堂亦不前往。
23	1938年6月20日	6月20日	董監事會	東京分公司日清生命ビルディング四階	5月營業之狀況；7月中元節之職員獎金為50日薪水，較去年多5日薪水。	董事益子逞輔、赤司初太郎、渡辺源二郎、李延禧。
24	1938年9月20日	9月20日	董監事會	東京分公司日清生命ビルディング四階	—	林獻堂因下雨未出席。
25	1938年10月20日	10月20日	董監事會	東京分公司日清生命ビルディング四階	9月營業之狀況。商議臺灣總督府倡議組織的セメント（水泥）會社，其資本額500萬圓，大成火災海上保險主張3,000股，益子主張4,000股，決議詢問赤司初太郎再行定奪。	董事益子逞輔、渡辺源二郎、佐佐木勇太郎。

編號	日記日期	會議日期	性質	地點	決議事項／開會前後事項	出席與會人／未出席
26	1939年 2月2日	2月2日	董監事會	臺北總公司	年獲利32餘萬圓，年分紅5分。前董事長林熊光辭退，益子逞輔欲選門野重九郎為董事長，林獻堂認為門野有病不能任事，當選赤司初太郎為宜，但此任在前月董事會初決。次議以高野係一協理為董事，林獻堂因其為去年排斥林熊光之首謀而出言反對。但無效。	董事益子逞輔、陳啟員、陳振能、池ノ上嘉、監察人吳澄淇、蔡法平。
27	1939年 7月10日	7月10日	董監事會	東京澁谷景丘町赤司初太郎宅	益子逞輔說明池ノ上嘉董事兼臺灣總經理辭職，欲用大阪分公司協理橋本關一為臺灣總經理，另選在臺灣之藤江醇三郎為董事。8月在臺灣開臨時股東會，原案可決。	董事益子逞輔、赤司初太郎、顏欽賢、監察人李延禧。
28	1940年 1月23日	1月24日	董監事會	東京分公司日清生命ビルデイング四階	益子逞輔報告因靜岡大火公司賠償50餘萬，年分紅減1分為4分。林獻堂反對公司章程第十八條之修正（將股東會場所納入東京），益子逞輔表示明日董監事會決之。	一
29	1940年 1月25日	1月24日	董監事會	東京分公司日清生命ビルデイング四階	李延禧向林獻堂告知昨日董監事會已取消對公司章程第十八條的修正。	一

編號	日記日期	會議日期	性質	地點	決議事項／開會前後事項	出席與會人／未出席
30	1940年10月19日	10月19日	董監事會	東京分公司日清生命ビルディング四階	9月營業之狀況；去年靜岡大火之損失，年末可償還完畢，尚有年分紅4分。	董事益子逞輔、佐佐木勇太郎、赤司初太郎、監察人李延禧。
31	1940年12月24日	12月24日	董監事會	臺北總公司	—	藤江醇三郎、赤司初太郎通知開會，林獻堂因身體不適未出席。
32	1941年2月15日	2月24日	股東會	臺北鐵道ホテル	李延禧敘述公司部分股份為東京海上保險會社征購買之事，名曰提攜，將來必被其所侵佔。	—
33	1941年2月21日	2月24日	股東會	臺北鐵道ホテル	益子逞輔訪林獻堂，表示門野重九郎董事長、赤司初太郎、益子逞輔三人建議，賣與東京海上30,000股，以谷井一作、吉良洋平為董事、吉良兼東京分公司協理、益谷友厚為監察人、臺灣側選林熊祥為董事、後宮信太郎為監察人、渡辺源二郎、陳振能、蔡法平辭退董事。林獻堂僅表示希望總公司及每年股東會仍在臺灣，益子逞輔許之。	—

編號	日記日期	會議日期	性質	地點	決議事項／開會前後事項	出席與會人／未出席
34	1941年2月24日	2月24日	股東會	臺北鐵道ホテル	年獲利4餘萬圓，無年分紅。董監事之選舉如2月21日益子逞輔所言。林熊祥任董事，後宮信太郎任監察人。	董事益子逞輔、藤江醇三郎、顏欽賢、陳啟貞、陳振能、監察人吳澄淇、李延禧、股東後宮信太郎、周碧、永井德照、林熊祥，計10餘名。
35	1941年2月24日	2月24日	董監事會	臺北總公司	股東會閉會後同到總公司開董監事會。仍選門野重九即為董事長，益子逞輔為常務董事。	董事益子逞輔、藤江醇三郎、陳啟貞、監察人吳澄淇、李延禧、後宮信太郎。
36	1942年2月2日	2月2日	董監事會	臺北總公司	年獲利70餘萬圓，因商工省不許多配，年分紅僅4分。	董事藤江醇三郎、林熊祥、顏欽賢、監察人吳澄淇、李延禧。
37	1942年3月17日	3月17日	臨時股東會	臺北鐵道ホテル	後宮信太郎監察人滿任再選。	會後應董事藤江醇三郎之招待，出席者另有董事林熊祥、監事吳澄淇、臺灣總經理合口勇三、前臺北州知事平山泰。
38	1942年11月6日	11月9日	董監事會	臺北總公司	─	小使樹根通知11月9日開會，林獻堂不欲前往，打電報給董事藤江醇三郎。
39	1943年2月1日	2月1日	董監事會	臺北總公司	年獲利167餘萬圓，保留150萬圓後，其餘作股利分配。定2月26日股東會。	董事藤江醇三郎、林熊祥、顏欽賢、監察人吳澄淇。

編號	日記日期	會議日期	性質	地點	決議事項／開會前後事項	出席與會人／未出席
40	1943年2月26日	2月26日	董監事會	臺北總公司	股東會前開董監事會，閉會後中午於臺北鐵道ホテル用餐。接續股東會。	董事益子逞輔、吉良洋平、陳啟貞、林熊祥、顏欽賢、藤江醇三郎、監察人吳澄淇、李延禧。
41	1943年2月26日	2月26日	股東會	鐵道ホテル	年分紅5分。	董事益子逞輔、吉良洋平、陳啟貞、林熊祥、顏欽賢、藤江醇三郎、監察人吳澄淇、李延禧。
42	1943年9月27日	9月27日	董監事會	臺北總公司	8月末結算獲利較去年增加32餘萬圓。	董事陳啟貞、林熊祥、藤江醇三郎、監察人吳澄淇。
43	1944年6月7日	6月7日	董監事會	臺北總公司	本期3個月獲利6萬8千餘圓，預定6月28日開股東會。總督府為加強戰時保險業務，欲改組大成火災，僅留董事吉良洋平，但未果。	董事顏欽賢、藤江醇三郎、監察人吳澄淇。
44	1944年9月30日	9月30日	董監事會	臺北總公司	報告營業狀況。慰勞金分配。職員加薪。舉藤江醇三郎為常駐監察人。	董事加藤恭平、吉良洋平、辜振甫、監察人藤江醇三郎。
45	1945年4月27日	4月25日	臨時股東會	臺北總公司	—	吉良洋平寄信告知25日臨時股東會因委任狀之人數不足流會。將於5月15日再開。
46	1945年5月3日	5月15日	臨時股東會	臺北總公司	增資500萬圓，無人申購之股票，則由銀行行員人。	—

資料來源：林獻堂著，許雪姬編，《灌園先生日記》，第1-17冊（臺北：中央研究院臺灣史研究所籌備處、中央研究院臺灣史研究所，2000-2010年）。

第五章
結論

　　臺灣的保險發展起源於清末開港通商，最初來到臺灣的保險，主要為海上保險。在洋商貿易、航運的需求下，保險也作為洋行貿易的附屬業務來到了臺灣地區。在臺洋行代理的保險公司，大多屬在香港的外資保險公司，但亦有洋行代理華資保險公司的紀錄（瑞記洋行代理萬安保險公司）。隨著 1880 年代輪船逐漸取代帆船，成為臺灣南北口岸的重要交通工具後，海上保險業務亦更加普及。從 1893 年臺灣南北通商口岸洋行代理保險公司的情況可知，清末臺灣的保險業基本上是延續中國、香港的保險發展，在這些外資保險公司中，我們仍能看到許多華商的活躍身影。

　　在中國、香港的保險發展上，我們可以看到洋行透過保險和航運的掌控，確保其在東亞的貿易，而華商透過和洋行的合作，模仿洋行的保險經營模式，在廣東、香港和上海等地成立華資保險公司。在輪船招商局的例子中，我們仍可看到買辦商人在其中的活躍。在臺華商一方面擔任洋行買辦，辦理洋行貨物的進出口業務，一方面以自身商號代理華資保險公司的模式，參與產物保險的經營。臺灣商人經營產物保險的獲利，除了筆資和手續費外，代理人亦可藉保險費的收取，獲得龐大的資金；在獲利的同時，臺灣商人亦可將自身貨物的投保海上保險，以規避風險。故臺灣商人經營產物保險的獲利是多重的，也反映了其商業經營的

多元性。

　　保險作為航運和貿易的附屬行業，反映了臺灣對外貿易的發展情況。1900 年大稻埕的臺灣商人和日人共同成立的臺灣家畜保險會社，其自成立到解散不到五年的經營，反映了清末到日治時期臺灣與對岸豬隻貿易發展的延續與轉變，這是臺灣總督府貿易、產業政策下的一個事例，凸顯了海上保險與貿易密切相關的特質。由於豬隻貿易以戎克船運輸，原是臺灣商人的事業，在和日人的合作下，方能成立保險公司，開辦家畜保險業務。

　　在 1880 年代臺灣南北口岸的輪船航運普及後，海上保險的貨物均以輪船運輸為主，而臺灣家畜保險會社限定擔保家畜在航運過程中的疾病死亡損失，使戎克船運輸的家畜亦能投保保險，突破了過去貨物須由輪船運輸方能投保海上保險的限制。清末的臺灣商人可以同洋行合作，至日治時期亦可和日人合作，反映了臺灣商人的彈性。在臺華商在產物保險的經營上，和其商業活動一樣，具有極大的彈性，隨著時代的變遷，臺灣商人亦會利用自身現有的資源，調整其保險經營的模式，達到商業利益的極大化。

　　在臺灣總督府的關稅和豬隻養殖政策下，臺灣和對岸豬隻貿易的結構有巨大的轉變，終使臺灣家畜保險會社於 1905 年解散。臺灣南北口岸以代理人為主的產物保險經營，亦逐漸由日資保險公司壟斷。在日治初期臺灣總督府航運政策的推展下，日本輪船公司壟斷了臺灣對外的輪船航運，自清末開港通商以來的外商洋行和華商的保險代理業務已難以維繫。1913 年臺灣總督府修改保險法令後，外國保險公司在臺的代理人，在龐大保證金的壓力下被迫結束保險代理業務。自此，臺灣產物保險業便由日資保險公司所壟斷。

　　外資保險公司和華資保險公司雖然撤出了在臺的代理業務，

但原來同洋行合作或代理華資保險公司的臺灣商人已具有經營保險的經驗。從 1900 年的臺灣家畜保險會社的設立中，看見了臺人和日人共同設立保險公司的可能性。隨後在 1920 年成立的臺灣第一家完整辦理火災、海上保險的公司——「大成火災海上保險株式會社」中，我們仍能看到日、臺人合作的現象。其中李春生家族可謂清末開港通商以來臺灣保險產業的代表家族；在保險經營上，臺灣商人可以和洋商合作，擔任洋行買辦，參與洋行的產物保險事業，進入日治時期後，亦可和日人合作，透過「日臺合資」的方式，成立產物保險公司。

在大成火災營運初期，公司便有向日本內地經營保險的企圖，在當時臺人股東佔有大成火災 88.4% 股份的結構來看，向日本內地營業應為公司內部臺、日人的共同期望。實際上，大成火災成立的初期（1921-1931 年）的臺灣，是各項產業已趨於飽和的時代；但大成火災透過臺灣和日本兩地的彈性經營策略，使公司始終保持穩定的營收。對臺人來說，和日人合作，有利大成火災打入日本內地保險市場。大成火災保險事業的成功，不能不說是臺、日人合作的成果，可見民族性的競爭、對立並非臺、日人經營公司的唯一結果；臺、日人的合作更應有其商業性的考量。

作為大正南進期在殖民地臺灣的公司，大成火災雖是臺人資本響應臺灣總督府的「南進政策」所誕生的公司之一，但卻因事業的性質和日、臺人的合作，在經營上保有一定的自主性，成為事業範圍橫跨臺灣、日本兩地的保險公司，這不能不說是殖民地臺灣企業的一種突破。

然而，在進入戰爭時期後，隨著財閥勢力的入股和 1945 年的公司增資計畫下，大成火災內部的臺人股份已降至 18.6%，戰後隨著日產清算和民股交換，產物保險成為公營保險公司的獨佔事業，臺灣商人完全退出了保險公司的經營。臺灣商人雖退出了

公營保險公司──臺灣產物保險公司的經營，但在戰後，火災保險仍舊是臺灣產物保險公司的業務重心，初期臺灣產物保險公司的組織和章程仍是延續戰前的大成火災。[1] 而臺灣商人在日治時期的保險經營經驗和資本積累，在 1960 年代政府開放民間設立保險公司（如 1961 年霧峰林家創辦的「明台產物保險公司」）後有所延續，有關臺人資本在戰前和戰後經營保險的發展上，未來尚可作進一步研究。

　　另在日本方面，由於戰前大成火災在財閥的入股下，經營重心已移往日本內地，戰後的大成火災便於 1950 年 6 月 1 日重組為一家總公司設於日本的產物保險公司，公司名仍舊是「大成火災海上保險株式會社」。戰前公司位在日清生命ビルディング四階的東京分公司轉變為總公司，前臺灣拓殖株式會社董事長河田烈擔任董事長、吉良洋平擔任執行董事（專務取締役）。[2] 從大成火災在戰後日本的地址和人事上，均可見戰前結構的延續。此一現象或可開展出一個新的研究課題：戰前與臺灣關係密切的公司（如臺灣拓殖株式會社）在日本的產業，如何延續到戰後？就大成火災戰後在日本的發展來看，仍可在日後進一步研究。

　　本書僅就臺人資本（臺灣商人）為中心，觀察臺灣產物保險的發展歷程，未來如能再以日人資本為考察對象，並擴及人壽保險、社會保險等險種加以研究，也許能在臺灣保險史、經濟史的領域上有進一步的發現。

1　秦賢次、吳瑞松，《臺灣地區保險事蹟口述歷史》（臺北：財團法人保險事業發展中心，2009 年），頁 67。

2　大成火災海上保險株式會社編，《大成火災新會社略史：三十年の步み》（東京：大成火災海上保險株式會社，1980 年），頁 18。

照片 1、筆者、李傳然先生與李瑳瑳女士（李延禧女兒）

資料來源：2013 年 11 月 20 日攝於神奈川縣川崎市ラゾーナ川崎プラザ 1 階丸善 M&C Cafe。

照片 2、李傳然先生與李一民先生（李延禧長孫）

資料來源：2013 年 11 月 19 日攝於東京都新宿区京王プラザホテル 3 階ロビーフロア。

參考文獻

壹、史料

一、官方檔案、報告書、史料集

Gibon, *"Report on the trade of the Consular of Tientsin for the year 1862,"* *British Parliament Papers* (Shannon: Irish University Press, 1972).

Robert L. Jarman, *Taiwan: political and Economic Reports 1861-1960 V.1* (Slough: Archive Editions Limited, 1997).

《行政長官公署檔案》：

　　〈大成會社承受新舊損害保險契約辦法等送核案〉，《行政長官公署檔案》，國史館臺灣文獻館藏，1946 年 4 月 23 日，典藏號：00312620002002。

　　〈臺灣產物保險公司接收損害保險會社表冊電送案〉，《行政長官公署檔案》，國史館臺灣文獻館藏，1946 年 11 月 16-29 日，典藏號：00329770005018。

《財政部國有財產局檔案》：臺灣產物保險股份有限公司編，「大成火災海上保險株式會社清算狀況報告書」，〈大成火災海上保險株式會社清算案〉，《財政部國有財產局檔案》，國史館藏，典藏號：045000000079A。

《臺灣史料稿本》：〈獨逸領事館所在地問題ニ關連シ臺灣在住外國人ノ員數居住區域、所有地等ノ調查ヲ始ム〉，臺灣總督府史料編纂委員會編，《臺灣史料稿本》，1895 年 9 月 18 日。

《臺灣總督府公文類纂》：

　　〈李春生及辜顯榮敘勳ニ關スル件〉，《臺灣總督府公文類纂》，第 13 冊第 8 號，1895 年 11 月 30 日。

〈臺北縣殖產調查書類〉，《臺灣總督府公文類纂》，第 36 冊第 24
號，1896 年 11 月 22 日。

〈淡水及基隆二港ノ外輸入豚禁止ニ關スル影響取調〉，《總督府公文
類纂》，第 189 冊第 5 號，1897 年 5 月 19 日。

〈臺北縣陳慶勳外二百七十名へ紳章附與〉，《臺灣總督府公文類
纂》，第 126 冊第 15 號，1897 年 7 月 10 日。

〈臺灣家畜保險株式會社書類（元臺北縣）〉，《臺灣總督府公文類
纂》，第 9203 冊第 1 號，1901 年 3 月 15 日。

〈臺灣家畜保險株式會社營業認可申請書處理〉，《臺灣總督府公文類
纂》，第 4665 冊第 14 號，1901 年 6 月 1 日。

〈臺北廳屬今泉利興昇級、退官〉，《總督府公文類纂》，第 2470 冊 44
號，1915 年 11 月 1 日。

《臺灣總督府專賣局公文類纂》：〈履歷書〉，《大正十四年度酒類賣捌
人指定關係、酒類賣捌人指定申請書》，《臺灣總督府專賣局公
文類纂》，1925 年 6 月，中央研究院臺史所檔案館藏，識別號：
TMB_13_06_019。

連橫著，臺灣銀行經濟研究室編，《臺灣通史》，臺灣文獻叢刊第 128 種
（臺北：臺灣銀行經濟研究室，1962 年）。

黃富三、林滿紅、翁佳音編纂，《清末臺灣海關歷年資料》，（一）、（二）
兩冊（臺北：中央研究院臺灣史研究所籌備處，1997 年）。

臺灣銀行經濟研究室編，《臺灣海防檔》，下卷，臺灣文獻叢刊第 110 種
（臺北：臺灣銀行經濟研究室，1961 年）。

臺灣銀行經濟研究室編，《臺灣經濟史》，第六集（臺北：臺灣銀行經濟研
究室，1957 年）。

劉銘傳著，臺灣銀行經濟研究室編，《劉壯肅公奏議》，臺灣文獻叢刊第 27
種（臺北：臺灣銀行經濟研究室，1958 年）。

臨時臺灣舊慣調查會，《臨時臺灣舊慣調查會第一部調查第三回報告書臺
灣私法》（東京：臨時臺灣舊慣調查會，1909-1911 年；復刊於臺北：
南天書局，1995 年）。

臨時臺灣舊慣調查會，《臨時臺灣舊慣調查會第一部調查第三回報告書臺
灣私法附錄參考書》（東京：臨時臺灣舊慣調查會，1910-1911；復刊
於臺北：南天書局，1983 年）。

臨時臺灣舊慣調查會，《臨時臺灣舊慣調查會第二部調查經濟資料報告》（東京：三秀舍，1905 年）。

臨時臺灣舊慣調查會編，陳金田譯，《臨時臺灣舊慣調查會第一部調查第三回報告書臺灣私法》，第三卷（南投：臺灣省文獻委員會，1993 年）。

聶寶璋，《中國近代航運史資料》，第一輯（上冊）（上海：上海人民出版社，1983 年）。

二、報紙、期刊

《上海新報》：〈新開保險行〉，《上海新報》，1865 年 5 月 27 日，版 2。

《官報》：〈農商務省告示第四十六號〉，《官報》，1922 年 2 月 20 日，頁 437。

《朝日新聞》：〈斎藤豊次郎氏が死去〉，《朝日新聞》，1938 年 12 月 28 日，版 11。

《臺灣協會會報》：

〈ドクラス滊船會社〉，《臺灣協會會報》，第 25 號，1900 年 10 月 30 日。

加藤尚志，〈臺灣の衛生〉，《臺灣協會會報》，第 10 號，1899 年 1 月 22 日。

《臺灣新民報》：〈不可輕視的　臺灣保險事業狀態〉，《臺灣新民報》，1931 年 2 月 28 日，版 6。

《臺灣新報》、《臺灣日日新報》：

〈李春生買辨を辭す〉，《臺灣新報》，1897 年 4 月 27 日，版 3。

〈檢察斃豚〉，《臺灣日日新報》，1898 年 7 月 23 日，版 5。

〈雜事　豚價復起〉，《臺灣日日新報》，1899 年 1 月 10 日，版 3。

〈謙裕更張〉，《臺灣日日新報》，1899 年 7 月 28 日，版 4。

〈行主渡臺〉，《臺灣日日新報》，1899 年 8 月 6 日，版 4。

〈臺灣銀行の買辨〉，《臺灣日日新報》，1899 年 9 月 9 日，版 2。

〈豚保險公司の設立計畫〉，《臺灣日日新報》，1900 年 3 月 3 日，版 2。

〈會社許可〉，《臺灣日日新報》，1900 年 7 月 1 日，版 5。

〈創設保險〉，《臺灣日日新報》，1901 年 1 月 8 日，版 3。

〈ドグラス會社淡水代理店〉,《臺灣日日新報》,1901 年 3 月 5 日,
　　版 2。

〈日本海陸保險の解散決議〉,《臺灣日日新報》,1901 年 5 月 25 日,
　　版 2。

〈保險擴張〉,《臺灣日日新報》,1902 年 8 月 29 日,版 4。

〈陳志誠氏の逝去〉,《臺灣日日新報》,1902 年 11 月 11 日,版 2。

〈紐育生命保險會社〉,《臺灣日日新報》,1903 年 5 月 19 日,版 2。

〈茶商公會會議〉,《臺灣日日新報》,1903 年 9 月 18 日,版 3。

〈家畜保險會社の利益配當〉,《臺灣日日新報》,1903 年 9 月 26 日,
　　版 2。

〈商事舊慣の調查〉,《臺灣日日新報》,1903 年 10 月 6 日,版 2。

〈家畜保險會社の解散〉,《臺灣日日新報》,1905 年 2 月 14 日,版
　　2。

〈大稻埕の外國商館〉,《臺灣日日新報》,1905 年 3 月 16 日,版 2。

〈結局如斯〉,《臺灣日日新報,1905 年 12 月 8 日,版 4。

〈法廷の塵〉,《臺灣日日新報》,1907 年 11 月 28 日,版 5。

〈豚輸入減退〉,《臺灣日日新報》,1909 年 2 月 20 日,版 3。

〈李景盛君略傳〉,《臺灣日日新報》,漢文版,1911 年 2 月 1 日,版
　　2。

〈本島の保險業（二）〉,《臺灣日日新報》,1911 年 6 月 2 日,版 5。

〈家畜會社事件〉,《臺灣日日新報》,1912 年 1 月 10 日,版 5。

〈陳江流事件〉,《臺灣日日新報》,1912 年 5 月 25 日,版 7。

〈大正協會例會〉,《臺灣日日新報》,1912 年 11 月 6 日,版 6。

〈外國保險現狀〉,《臺灣日日新報》,1913 年 1 月 3 日,版 2。

〈外國保險と本島〉,《臺灣日日新報》,1913 年 1 月 14 日,版 2。

〈外國保險と供託金〉,《臺灣日日新報》,1913 年 5 月 18 日,版 2。

〈外國保險供託金問題〉,《臺灣日日新報》,1913 年 11 月 18 日,版
　　3。

小野墨堂,〈送益子天頓兄之歐洲〉,《臺灣日日新報》,1916 年 6 月 1
　　日,版 3。

〈保險事業概況〉,《臺灣日日新報》,1917 年 2 月 20 日,版 3。

〈大正協會之總會〉,《臺灣日日新報》,1917 年 9 月 1 日,版 4。

〈火災保險成績〉,《臺灣日日新報》,1918 年 4 月 12 日,版 3。

〈火災海上成績〉,《臺灣日日新報》,1918 年 6 月 29 日,版 3。

〈火災海上成績〉,《臺灣日日新報》,1918 年 6 月 30 日,版 2。

〈兩保險の成績〉,《臺灣日日新報》,1918 年 11 月 2 日,版 2。

〈洪韞玉氏仙逝〉,《臺灣日日新報》,1919 年 2 月 27 日,版 6。

〈保險事業成績〉,《臺灣日日新報》,1919 年 8 月 2 日,版 2。

〈保險事業成績〉,《臺灣日日新報》,1920 年 10 月 29 日,版 2。

〈火災海上保險〉,《臺灣日日新報》,1920 年 11 月 22 日,版 2。

〈小池張造氏〉,《臺灣日日新報》,1921 年 2 月 27 日,版 2。

〈本社記者李書氏逝〉,《臺灣日日新報》,1921 年 9 月 19 日,版 4。

〈火災海上保險〉,《臺灣日日新報》,1922 年 2 月 5 日,版 2。

〈保險事業成績〉,《臺灣日日新報》,1922 年 4 月 26 日,版 2。

〈本島財界失一重鎮〉,《臺灣日日新報》,1922 年 6 月 27 日,版 6。

〈回復の兆ある保險界　昨年十月迄の各社の成績〉,《臺灣日日新報》,1923 年 2 月 21 日,版 2。

〈大成火災の紛擾　此際陣容を立直す必要がある〉,《臺灣日日新報》,1923 年 3 月 4 日,版 2。

〈大成火災圓滿解決　無條件にて〉,《臺灣日日新報》,1923 年 6 月 17 日,版 2。

〈陳朝駿氏物故〉,《臺灣日日新報》,1923 年 7 月 14 日,版 6。

〈火災海上保險〉,《臺灣日日新報》,1923 年 9 月 30 日,版 3。

〈保險事業成績〉,《臺灣日日新報》,1923 年 10 月 15 日,版 2。

〈大成火保契約高　內地は約一億に達す〉,《臺灣日日新報》,1924 年 8 月 31 日,版 3。

〈喧騷を極めた　大成火災の總會　原案通り五分配當可決　取締役補缺は林熊光氏當選〉,《臺灣日日新報》,1925 年 2 月 27 日,版 2。

〈紛擾の大成火災　安保辯護士の仲裁で　近く愈圓滿解決〉,《臺灣日日新報》,1925 年 3 月 26 日,版 5。

〈大成火災の紛擾　兩者互に諒解し　目出度く圓滿解決〉,《臺灣日日新報》,夕刊,1925 年 3 月 31 日,版 1。

〈稻江陳源普氏公弔及出殯〉,《臺灣日日新報》,1927 年 2 月 16 日,

版 4。

〈昨年末の保險成績〉，《臺灣日日新報》，1927 年 4 月 21 日，版 3。

〈保險事業成績良好〉，《臺灣日日新報》，1927 年 12 月 10 日，版 2。

〈保險事業好調〉，《臺灣日日新報》，1928 年 5 月 28 日，版 2。

〈火災海上保險〉，《臺灣日日新報》，1928 年 6 月 19 日，版 2。

〈幸皆的氏逝去〉，《臺灣日日新報》，1929 年 3 月 13 日，版 2。

〈火災海上保險〉，《臺灣日日新報》，1929 年 9 月 29 日，版 3。

〈八月末迄の本島保險事業成績　殖產局商工課調查〉，《臺灣日日新報》，1930 年 11 月 19 日，版 3。

〈本島の保險成績〉，《臺灣日日新報》，1931 年 1 月 10，版 3。

〈保險成績〉，《臺灣日日新報》，1931 年 10 月 23 日，版 5。

〈火災保險事業成績〉，《臺灣日日新報》，1932 年 1 月 31 日，版 5。

〈島內保險〉，《臺灣日日新報》，1932 年 12 月 12 日，版 3。

〈島內契約火災保險成績〉，《臺灣日日新報》，1934 年 3 月 12 日，版 3。

〈島內契約の火災保險〉，《臺灣日日新報》，1935 年 4 月 26 日，版 5。

〈臺灣火保協會　きのふ創立總會　新協定は來月一日より實施〉，《臺灣日日新報》，1935 年 9 月 17 日，版 2。

〈臺灣火保協會　三十日臨時總會〉，《臺灣日日新報》，1935 年 9 月 28 日，版 3。

李種玉，〈李鳶飛輓詞〉，《臺灣日日新報》，夕刊，1936 年 1 月 23 日，版 4。

〈島內契約の火災保險現在高〉，《臺灣日日新報》，1936 年 3 月 28 日，版 3。

〈島內契約の火災保險事業〉，《臺灣日日新報》，1936 年 5 月 22 日，版 3。

〈島內契約の火災保險〉，《臺灣日日新報》，1936 年 10 月 30 日，版 3。

〈前辯護士會長安保氏逝去　東京にて心臟痲痺て〉，《臺灣日日新報》，夕刊，1937 年 1 月 20 日，版 2。

〈島內契約の火保現況〉,《臺灣日日新報》,1938 年 2 月 24 日,版
　2。

〈島內契約火保現況〉,《臺灣日日新報》,1938 年 7 月 30 日,版 2。

〈昨年末の本島火保〉,《臺灣日日新報》,1939 年 5 月 9 日,版 2。

〈臺灣火保協會　益子氏會長　に推さる〉,《臺灣日日新報》,1939
　年 7 月 13 日,版 2。

〈本島火保〉,《臺灣日日新報》,1939 年 8 月 8 日,版 2。

〈本島火保〉,《臺灣日日新報》,夕刊,1940 年 2 月 1 日,版 4。

〈火災保險島　契約概況〉,《臺灣日日新報》,1940 年 7 月 10 日,版
　3。

〈島內火保概況〉,《臺灣日日新報》,1941 年 3 月 15 日,版 2。

〈臺灣火保協會會長に藤江氏委員三名增員〉,《臺灣日日新報》,
　1941 年 7 月 17 日,版 2。

〈赤司初太郎氏〉,《臺灣日日新報》,1944 年 2 月 14 日,版 2。

《臺灣新聞報》:杜聰明,〈臺省茶葉之父——李春生的生平〉,《臺灣新聞
　報》(高雄,1963 年 9 月 21 日),中央研究院臺史所檔案館藏,識別
　號:T0606D0497_06_0003。

《臺灣詩薈》:連橫編,《臺灣詩薈》,第 2 號,1924 年 3 月 15 日,書末廣
　告,不著頁碼。

《臺灣總督府府報》、《臺灣總督府官報》:

〈保險會社ニ關スル細則〉,《臺灣總督府府報》,1900 年 3 月 9 日,
　頁 19-20。

〈保險業法施行規則〉,《臺灣總督府府報》,1900 年 7 月 29 日,頁
　33-41。

〈外國保險會社ニ關スル件〉,《臺灣總督府府報》,1900 年 11 月 13
　日,頁 13。

〈明治三十三年七月府令第五十八號保險業法施行規則改正〉,《臺灣
　總督府府報》,1900 年 2 月 1 日,頁 1-17。

〈明治三十三年十一月府令第百五號外國保險會社ニ關スル件改
　正〉,《臺灣總督府府報》,1913 年 2 月 1 日,頁 18-20。

〈戰爭保險臨時措置法ノ規定ニ依リ保險會社指定〉,《臺灣總督府官
　報》,1942 年 4 月 2 日,頁 20。

〈戰爭死亡傷害保險法第二條第一項ノ規定ニ依リ保險會社指定〉，
　　《臺灣總督府官報》，1943 年 4 月 24 日，頁 133。

〈戰時特殊損害保險法ノ規定ニ依リ保險會社指定〉，《臺灣總督府官
　　報》，1943 年 4 月 24 日，頁 138。

〈商業登記〉，《臺灣總督府官報》，1944 年 12 月 14 日，頁 10。

《徵信新聞》：〈前大成保險會社民股股金　開始發還　今日開股東會〉，
　　《徵信新聞》，1953 年 5 月 22 日，版 4。

《聯合報》：〈大成保險會社　民股開始發還〉，《聯合報》，1953 年 5 月 22
　　日，版 6。

《読売新聞》：

　　〈婦人付録　名流婦人応接間の印象（四）門野理世子〉，《読売新
　　　聞》，1914 年 5 月 21 日，版 5。

　　〈〔広告〕大成火災海上保險〉，《読売新聞》，1924 年 6 月 5 日，版
　　　4。

　　〈台湾火保協会創立の大綱決まる〉，《読売新聞》，1935 年 8 月 14
　　　日，版 3。

三、統計資料

《臺灣商工統計》、《臺灣商業統計》：臺灣總督府殖產局商工課編，
　　《第一～二十次臺灣商工統計》（臺北：臺灣總督府殖產局商工課，
　　1922-1942 年）。臺灣總督府殖產局商工課編，《第二十一次臺灣商業
　　統計》（臺北：臺灣總督府殖產局商工課，1943 年）。

三浦義道編，《日本保險年鑑》（昭和 3、4、6、7、8、9 年）（東京：巖松
　　堂書店、日本保險年鑑發行所，1928-1929、1932、1934 年）。

井口武三郎，《火保研究》第 2 卷　現行火災保險料率の解剖（東京：火
　　保研究社，1934 年）。

商工大臣官房統計課編，《第一～十五次商工省統計表》（大正 13 年～昭和
　　13 年）（東京：東京統計協会，1925-1939 年）。

臺灣省行政長官公署統計室編，《臺灣省五十一年來統計提要》（臺北：臺
　　灣省行政長官公署統計室，1946 年）。

臺灣畜產會編，《臺灣畜產統計》（臺北：臺灣畜產會，1941 年）。

四、職員錄、會社名錄
《臺灣民間職員錄》、《臺灣官民職員錄》、《臺灣總職員錄》：
　　鈴木辰三，《臺灣民間職員錄》（大正 11 年版）（臺北：臺北文筆社，
　　　　1922 年）。
　　鈴木辰三，《臺灣民間職員錄》（大正 12-14 年版）（臺北：臺灣商工
　　　　社，1923-1925 年）。
　　鈴木辰三，《臺灣官民職員錄》（昭和 2-5 年版）（臺北：臺灣文官武官
　　　　民間職員錄發行所，1927-1930 年）。
　　鳥居兼文，《臺灣總職員錄》（昭和 11 年版）（臺北：南方文化普及會
　　　　內，1936 年）。
《臺灣會社銀行錄》、《臺灣銀行會社錄》、《臺灣諸會社銀行錄》：
　　杉浦和作、佐々英彥，《臺灣會社銀行錄》（第 2 版）（臺北：臺灣會社
　　　　銀行錄發行所，1922 年）。
　　杉浦和作，《臺灣會社銀行錄》（第 3、5-10、12-13 版）（臺北：臺灣實
　　　　業興信所，1922、1924-1931 年）。
　　杉浦和作，《臺灣銀行會社錄》（第 14-17 版）（臺北：臺灣實業興信
　　　　所，1932-1935 年）。
　　鹽見喜太郎，《臺灣銀行會社錄》（第 18-22 版）（臺北：臺灣實業興信
　　　　所，1936-1940 年）。
　　鹽見喜太郎，《臺灣諸會社銀行錄》（第 23、24 版）（臺北：臺灣實業
　　　　興信所，1941、1942 年）。
《臺灣總督府職員錄》、《臺灣總督府文官職員錄》、《臺灣總督府及所
　　　　屬官署職員錄》（臺北：臺灣日日新報社、臺灣時報社，1898-1944
　　　　年），收錄於中央研究院臺灣史研究所「臺灣總督府職員錄系統」：
　　　　http://who.ith.sinica.edu.tw/mpView.action。
千草默仙，《會社銀行商工業者名鑑》（臺北：高砂改進社、圖南協會，
　　　　1928、1932、1934-1943 年）。
石井善次，《臺中商工案內》（臺中：臺中商工會議所，1941 年）。
竹本伊一郎，《臺灣會社年鑑》（昭和 13-18 年版）（臺北：臺灣經濟研究
　　　　會，1937-1942 年）。
杉浦和作，《臺灣商工人名錄》（臺北：臺灣商工人名錄發行所，1912
　　　　年）。

栗田政治，《昭和二年　臺灣商工名錄》（臺北：臺灣物產協會，1927
　　年）。

澤本孟虎編，《明治大正產業史》，卷二之二（東京：帝國通信社，1928
　　年）。

五、人物傳記、家族資料

人物評論社編，《財界鬪將伝：次代に生る者》（東京：人物評論社，1938
　　年）。

上田元胤、湊靈雄，《臺灣士商名鑑》（臺北：にひたか社，1901 年）。

上村健堂，《臺灣事業界と中心人物》（臺北：臺灣案內社，1919 年）。

大園市藏，《臺灣人物誌》（臺北：谷澤書店，1916 年）。

大園市藏編，《現代臺灣史》（臺北：臺灣新聞社，1934 年第 2 版）。

王國璠編，《板橋林本源家傳》（臺北：林本源祭祀公業，1984 年）。

王詩琅纂修，《臺北市志稿》，卷九人物志（臺北：臺北市文獻委員會，
　　1962 年）。

吉田靜堂，《臺灣古今財界人の橫顏》（臺北：經濟春秋社，1932 年）。

宇野木忠，《各務鎌吉》（東京：昭和書房，1940 年）。

羽生國彥，《臺灣の交通を語る》（臺北：臺灣交通問題調查研究會，1937
　　年）。

岩崎潔治，《臺灣實業家名鑑》（臺北：臺灣雜誌社，1912 年）。

岩崎潔治，《臺灣實業家名鑑》（臺北：臺灣雜誌社，1916 年）。

林進發，《臺灣人物評》（臺北：赤陽社，1929 年）。

林進發，《臺灣官紳年鑑》（臺北：民眾公論社，1933 年）。

林進發，《臺灣經濟界の動きと人物》（臺北：民眾公論社，1933 年）。

益子逞輔著，李泰然譯，《一個平凡人的人生（ある平凡人の人生）》（未刊
　　稿）。

國史館編，《國史館現藏民國人物傳記史料彙編》，第九輯（臺北：國史
　　館，1993 年）。

清水孫秉、大野恭平編，《柳生一義》（東京：山崎源二郎，1922 年）。

莊永明，《臺北市文化人物略傳》（臺北：臺北市文獻委員會，1997 年）。

陳俊宏，〈李春生族譜〉，《臺灣文學評論》，第 5 卷第 1 期（2005 年），頁
　　87。

臺南新報社編,《南部臺灣紳士錄》(臺南:臺南新報社,1907年)。

臺灣新民報社調查部,《臺灣人士鑑》(臺北:臺灣新民報社,1934年)。

臺灣新民報社調查部,《臺灣人士鑑》(臺北:臺灣新民報社,1937年)。

臺灣新聞社編,《臺灣を代表するもの》(臺北:臺灣新聞社,1935年)。

臺灣新聞社編,《臺灣實業名鑑》(臺北:臺灣新聞社,1935年)。

橋本白水,《島の都》(臺北:南國出版協會,1926年)。

橋本白水,《臺灣の事業界と人物》(臺北:南國出版協會,1928年)。

橋本白水,《臺灣統治と其功勞者》(臺北:南國出版協會,1930年)。

興南新聞社編,《臺灣人士鑑》(臺北:興南新聞社,1943年)。

鷹取田一郎編,《臺灣列紳傳》(臺北:臺灣總督府,1916年)。

六、日記

下村宏,《下村宏日記》,收錄於《下村宏　係文書》書類の部〔日記・手帳〕,請求記号:745-784(東京:国立国会図書館憲政資料室藏)。

田健治郎著,吳文星、廣瀨順皓、黃紹恆、鍾淑敏主編,《臺灣總督田健治郎日記》,下冊(臺北:中央研究院臺灣史研究所,2009年)。

林獻堂著,許雪姬編,《灌園先生日記》,共27冊(臺北:中央研究院臺灣史研究所籌備處、中央研究院臺灣史研究所,2000-2013年)。

七、會社事業成績、社史資料

大成火災海上保險株式會社編,《大成火災海上保險　四十年の歩み》(東京:大成火災海上保險株式會社,1990年)。

大成火災海上保險株式會社編,《大成火災新會社略史:三十年の歩み》(東京:大成火災海上保險株式會社,1980年)。

大成火災海上保險株式會社編,《五十年の歩み:大成火災略史》(東京:大成火災海上保險株式會社,1970年)。

大成火災海上保險株式會社編,《大成火災三十年史》(東京:大成火災海上保險株式會社,1950年)。

大成火災海上保險株式會社編,「株主氏名表」(大正12年、昭和4、18年版),「企業史料統合データベース」:https://j-dac.jp/bao,企業ID:2929601。

大成火災海上保險株式會社編,「株主氏名表」(大正14年、昭和16年

版），「大成火災海上保險株式會社所寄之信函（1925-1941）」，中央
　　研究院臺史所檔案館藏，識別號：DS02_03_007。

大成火災海上保險株式會社編，「第一～二十五回事業報告書」（大正 9
　　年～昭和 19 年），「企業史料統合データベース」：https://j-dac.
　　jp/bao，企業 ID：2929601。

大阪商船株式会社編，《大阪商船株式会社五十年史》（大阪：大阪商船株
　　式会社，1935 年）。

大東信託株式會社編，「第一～十七回營業報告書」（昭和 2-18 年），「企業
　　史料統合データベース」：https://j-dac.jp/bao，企業 ID：2469801。

臺灣拓殖株式會社編，「第八回營業報告書」（昭和 19 年），「企業史料統合
　　データベース」：https://j-dac.jp/bao，企業 ID：2909401。

《臺灣拓殖株式會社文書》：

　　臺灣拓殖株式會社編，「事業要覽」，《臺灣拓殖株式會社文書》，第
　　　　1643 冊，1944 年 3 月 10 日。

　　臺拓接收委員會編，「接收卷」，《臺灣拓殖株式會社文書》，第 2276
　　　　冊，1946 年 4 月 27 日。

八、文集、專書

小初錠太郎，《臺南事情》（臺北：成文出版社，1900 年原刊，1985 年復
　　刊）。

小松吉久編，《大正協會創立十周年記念文集》（臺北：大正協會，1922
　　年）。

吉開右志太著，黃得峰譯，《臺灣海運史 1895-1937》（南投：國史館臺灣文
　　獻館，2009 年）。

作者不詳，《臺灣形勢概要》（出版地不詳，1902 年）。

牧辰二、井上德彌，《臺灣農業教科書》（臺北：新高堂書店，1919 年）。

宮川次郎，《臺灣の會社事業》（臺北：拓殖通信社，1928 年）。

益子逞輔，《中部支那》（臺北：河野道忠，1913 年）。

益子逞輔，《南支那》（臺北：河野道忠，1913 年）。

堀川安市，《臺灣哺乳動物圖說》（臺北：臺灣博物學會出版部，1919
　　年）。

陳天來編，《同業組合臺灣茶商公會沿革史》（臺北：同業組合臺灣茶商公

會，1938 年）。

農商務大臣官房文書課編，《臺灣產業略誌》（出版地不詳，1895 年）。

福澤諭吉，《西洋事情》，四卷，明治庚午（三，1870）年尚古堂本（再輯）。

福澤諭吉，《西洋旅案内》，二卷，明治癸酉（六，1873）年慶応義塾出版局本（再輯）。

魏源輯，《海國圖誌》，六十卷，清道光丁未（廿七，1847）年魏氏古微堂（揚州版增補）本。

九、古文書

何鳳嬌、林正慧、吳俊瑩編，《霧峰林家文書集：墾務‧腦務‧林務》（臺北：國史館，2013 年）。

洪麗完編，《外埔鄉藏古文書專輯》（臺中：外埔鄉公所，2001 年）。

十、口述資料

李瑳瑳口述，李傳然、連克訪問，連克整理，〈李瑳瑳女士訪問紀錄〉，2013 年 11 月 20 日上午訪談於神奈川縣川崎市ラゾーナ川崎プラザ 1 階丸善 M&C Cafe。

林衡道口述，林秋敏訪問紀錄，《林衡道先生訪談錄》（臺北：國史館，1996 年）。

林衡道口述，陳三井、許雪姬訪問，楊明哲紀錄，《林衡道先生訪問紀錄》（臺北：中央研究院近代史研究所，1992 年）。

秦賢次、吳瑞松，《台灣地區保險事蹟口述歷史》（臺北：財團法人保險事業發展中心，2009 年）。

黃富三、陳俐甫編，《近現代臺灣口述歷史》（臺北：林本源基金會，1991 年）。

貳、專書

G. C. Allen, *Western Enterprise in Far Eastern Economic Development, China and Japan* (New York: A.M. Kelley, 1968).

Michael Greenberg, *British Trade and the Opening of China, 1800-42* (Cambridge: Cambridge University Press, 1951).

上海金融志編纂委員會編，《上海金融志》（上海：上海社會科學院，2003年）。

久保文克，《植民地企業経営史論─「準国策会社」の実証的研究─》（東京：日本経済評論社，1997年）。

孔令仁、李德征主編，《中國老字號》，卷十　文化、金融、交通卷（北京：高等教育出版社，1998年）。

日本經營史研究所編，《東京海上火災保險株式會社百年史》，上、下兩冊（東京：東京海上火災保險株式會社，1979、1982年）。

矢內原忠雄著，周憲文譯，《日本帝國主義下之臺灣》（臺北：帕米爾書店，1985年）。

吳文星，《日據時期台灣領導階層之研究》（臺北：正中書局，1992年）。

吳申元，《中國保險史話》（北京：經濟管理出版社，1993年）。

李明輝、黃俊傑、黎漢基合編，《李春生著作集》，附冊（臺北：南天書局，2004年）。

東嘉生著，周憲文譯，《臺灣經濟史概說》（臺北：海峽學術出版社，2007年）。

林玉茹，《國策會社與殖民地邊區的改造：臺灣拓殖株式會社在東臺灣的經營（1937-1945）》（臺北：中央研究院臺灣史研究所，2011年）。

林滿紅，《茶、糖、樟腦業與臺灣之社會經濟變遷（1860-1895）》（臺北：聯經出版社，1997年）。

武田晴人，《財閥の時代：日本型企業の源流をさぐる》（東京：新曜社，1995年）。

涂照彥著，李明峻譯，《日本帝國主義下的台灣》（臺北：人間出版社，1991年）。

約翰‧陶德（John Dodd），陳政三譯著，《泡茶走西仔反：清法戰爭臺灣外記》（臺北：臺灣書房，2007年）。

胡政主編，《招商局畫史》（上海：上海社會科學院出版社，2007年）。

胡政主編，朱耀斌、朱玉華編著，《招商局與中國航運業》（北京：社會科學文獻出版社，2010年）。

夏東元，《盛宣懷傳》（上海：上海交通大學出版社，2007年）。

秦賢次、吳瑞松，《中國現代保險史綱1805-1950》（臺北：財團法人保險事業發展中心，2007年）。

秦賢次、吳瑞松，《臺灣保險史綱：1836-2007》（臺北：財團法人保險事業發展中心，2009 年）。

陳柔縉，《總統的親戚：揭開臺灣權貴家族的臍帶與裙帶關係》（臺北：時報出版社，2011 年第 2 版）。

陳錦江著，王笛等譯，《清末現代企業與官商關係》（北京：中國社會科學出版社，1997 年）。

馮邦彥、饒美蛟，《厚生利群：香港保險史（1841-2008）》（香港：三聯書店，2008 年）。

黃紹恆，《臺灣經濟史中的臺灣總督府》（臺北：遠流出版社，2010 年）。

廖文卿主編，《老洋行新淡水　德忌利士洋行復舊特展》（臺北：新北市立淡水古蹟博物館，2013 年）。

趙祐志，《日人在臺企業菁英的社會網絡（1895-1945）》，上、下兩冊（臺北：花木蘭文化，2013 年）。

戴寶村，《近代臺灣海運發展：戎克船到長榮巨舶》（臺北：玉山社，2000 年）。

濱下武志，《中国近代経済史研究：清末海関財政と開港場市場圏》（東京：汲古書院，1989 年）。

濱下武志著，高淑娟、孫彬譯，《中國近代經濟史研究——清末海關財政與通商口岸市場圈》（南京：江蘇人民出版社，2006 年）。

薛化元主編，《臺灣貿易史》（臺北：外貿協會，2005 年）。

參、論文
一、博碩士學位論文

李佩蓁，〈安平口岸的華洋商人及其合作關係——以買辦制度為中心（1865-1900）〉（臺南：國立成功大學歷史學研究所碩士論文，2011 年）。

邱繼正，〈日治時期臺灣生命保險產業研究（1896-1937）——兼論民營與官營之比較〉（桃園：國立中央大學歷史學研究所碩士論文，2014 年）。

高野史惠，〈日據時期日台官紳的另外交流方式——以木村匡為例（1895-1925）〉（臺南：國立成功大學臺灣文學研究所碩士論文，2008 年）。

曹慧玲，〈國家與市場：日據時期臺灣壽險市場的發展〉（臺北：國立臺灣
　　大學社會學研究所碩士論文，2001 年）。

陳怡芹，〈日治時期臺灣郵政事業之研究：1895-1945〉（桃園：國立中央大
　　學歷史研究所碩士論文，2008 年）。

曾耀鋒，〈日本統治時代の台湾における生命保険市場に關する史的研
　　究：競争の時代から統制の時代へ〉（東京：一橋大学大学院商学研究
　　科会計・金融専攻博士論文，2008 年）。

黃依婷，〈日治時期臺灣簡易生命保險研究（1927-1945）〉（新竹：國立清
　　華大學歷史學研究所碩士論文，2012 年）。

黃懷賢，〈臺灣傳統商業團體臺南三郊的轉變（1760-1940）〉（臺北：國立
　　政治大學臺灣史研究所碩士論文，2012 年）。

關口剛司，〈三井財閥與日據時期臺灣之關係〉（臺南：國立成功大學臺灣
　　史研究所碩士論文，2003 年）。

蘇舜卿，〈從買辦商人到實業家——徐潤（1838-1911）研究〉（臺南：國立
　　成功大學歷史學研究所碩士論文，2002 年）。

二、專書論文

卜永堅，〈徐潤與晚清經濟〉，收錄於香港中文大學中國文化研究所文物
　　館、香港中文大學歷史系編，《買辦與近代中國》（香港：三聯書店，
　　2009 年），頁 220-232。

王泰升，〈臺灣企業組織法之初探與省思〉，《臺灣法律史的建立（二版）》
　　（臺北：元照出版公司，2006 年），頁 281-343。

易惠莉，〈唐廷樞、徐潤與招商局之籌建與改組〉，收錄於香港中文大學中
　　國文化研究所文物館、香港中文大學歷史系編，《買辦與近代中國》
　　（香港：三聯書店，2009 年），頁 192-218。

河原林直人著，曾妙慧譯，〈殖民地臺灣輸出產業的轉換期——1930 年代
　　的包種茶輸出〉，收錄於薛化元主編，《發展與帝國邊陲：日治臺灣經
　　濟史研究文集》（臺北：臺大出版中心，2012 年），頁 145-174。

邱繼正，〈日本生命保險業在臺灣市場拓展之阻礙 1896-1912〉，收錄於王
　　成勉主編，《雙中薈：歷史學青年學者論壇》（臺北：新銳文創，2013
　　年），頁 230-261。

許雪姬，〈日治時期的板橋林家──一個家族與政治的關係〉，《臺灣史論文精選》，下冊（臺北：玉山社，1996 年），頁 77-130。

許雪姬，〈日治時期霧峰林家的產業經營初探〉，收錄於黃富三等編，《臺灣商業傳統國際學術研討會論文集》（臺北：中央研究院臺灣史研究所籌備處，1999 年），頁 297-356。

三、期刊論文

中村孝志著，李玉珍、卞鳳奎譯，〈大正南進期與臺灣〉，《臺北文獻》，直字第 132 期，2000 年，頁 195-263。

田村祐一郎，〈関東大震災と保険金騒動（1）-（17）〉，《流通科学大学論集　人間・社会・自然編》，16(3)、17(1-3)、18(1-3)、19(1-3)、20(1-2)、21(1-2)、22(1-2)、23(1)（2004-2010 年）。

吳聰敏，〈臺灣戰後的惡性物價膨脹〉，《國史館學術集刊》，第 10 期，2006 年，頁 129-159。

李佩蓁，〈依附抑合作？清末臺灣南部口岸買辦商人的雙重角色（1860-1895）〉，《臺灣史研究》，第 20 卷第 2 期，2013 年，頁 31-76。

岡本真希子，〈東アジア地域における早稲田大学校友会─帝国日本のなかの〈校友共同体〉─〉，《早稲田大学史記要》，第 44 卷，2013 年，頁 71-146。

林玉茹，〈殖民地邊區的企業：日治時期東臺灣的會社及其企業家〉，《臺大歷史學報》，第 33 期，2004 年，頁 315-363。

許雪姬，〈話說板橋林家──林本源家的歷史〉，《國史研究通訊》，第 2 期，2012 年，頁 10-16。

陳俊宏，〈「台灣史話」：李春生、李延禧與第一銀行〉，《臺北文獻》，直字第 134 期，2000 年，頁 203-229。

陳俊宏，〈李春生與禮密臣的一段軼事──一八九五年日軍和平佔領臺北城事件的發微〉，《臺北文獻》，直字第 122 期，1997 年，頁 37-67。

曾品滄，〈生豬貿易的形成：十九世紀末期臺灣北部商品經濟的發展（1881-1900）〉，《臺灣史研究》，第 21 卷第 2 期，2014 年，頁 33-68。

曾耀鋒，〈日本統治時代の台湾における大成火災の事業展開〉，《日本台湾学会会報》，第 15 号，2013 年，頁 69-82。

曾耀鋒，〈日本統治時代の臺湾人の生保加入に関する研究：政治的

誘因か経済的誘因か〉，《保険学雑誌》，第 601 号，2008 年，頁
187-206。

曾耀鋒，〈日治時期臺灣壽險史研究的回顧與展望〉，《興大歷史學報》，第
23 期，2011 年，頁 115-130。

曾耀鋒，〈戦前の日本生命保険会社の臺湾進出：公衆衛生と法律基盤を
中心として〉，《生命保険論集》，2007 年，頁 113-156。

黃秉心，〈保險事業在臺灣（上）〉，《保險季刊》，第 8 卷第 3 期，1968
年，頁 5-18。

黃秉心，〈保險事業在臺灣（下）〉，《保險季刊》，第 8 卷第 4 期，1968
年，頁 5-16。

黃秉心，〈臺灣保險業之史的研究〉，《臺灣銀行季刊》，第 1 卷第 2 期，
1947 年，頁 46-62；本文後又刊於《壽險季刊》，第 90 期，1993 年，
頁 2-13。

黃紹恆，〈日治初期在台日資的生成與積累〉，《臺灣社會研究》，第 32
期，1992 年，頁 165-214。

黃富三，〈清代臺灣外商之研究：美利士洋行（上）〉，《臺灣風物》，第 32
卷第 4 期，1983 年，頁 104-136。

廖漢臣，〈外商與保險業〉，《臺北文物》，第 7 卷第 2 期，1958 年，頁
71-87。

劉廣京，〈唐廷樞之買辦時代〉，《清華學報》，第 2 卷第 2 期，1961 年，頁
143-183。